BASHAR GOLD

バシャール
ゴールド

來自巴夏的生命訊息

BASHAR
巴夏 ／ DARRYL ANKA
達瑞爾・安卡——著

謝如欣——譯

目錄

第二章 療癒世界

第三章 **建構世界**

第四章 1、3、5、7顯化法則

「7」——恢復平衡的七大正向思考

●「1、3、5、7顯化法則」一覽圖 326

巴夏的關鍵字

推薦序

我的創業人生，就是靠巴夏的公式走出來的

九粒Jolie

幾年前，我因為一位貴人叔叔的推薦，認識了巴夏（Bashar）。

一接觸就立刻被祂超有趣的個性，還有那一針見血的宇宙智慧給吸引住。

（雖然一開始有被祂的「中氣十足」給震懾到，哈！）

但最讓我著迷的，是祂總能用最淺顯易懂的方式，一語道破人類常見的卡點，幫助我們重新看見自己所創造的世界，也想起自己本來就有的那份力量。

我個人最喜歡的，就是巴夏常說的那句話：「跟隨你的最高興奮走。」（Follow your highest excitement.）因為我的創業人生，真的就是靠這個公式走出來的！

我真心希望，更多人能夠因為認識巴夏，意識到原來我們真的可以靠著「興奮感」來活出理想人生，成為最喜歡的自己！

（本文作者爲作家、顯化小魔女）

推薦序

巴夏的智慧陪伴我們走在進化的路上

大寶&鳳凰

來自愛莎莎尼的外星意識體巴夏，以及傳訊人達瑞爾．安卡，是大寶在靈性啟蒙初期一發現即如獲至寶、鍾愛不已的靈訊來源。因為巴夏總是能用跳脫地球人的視角，清晰且系統化的邏輯，一一擊中每位提問者的盲點。

早期我們只能在網路上搜尋巴夏訊息的影像片段與文字，如今真的很開心，一本期待已久的巴夏中文書籍終於問世！

身為巴夏的鐵粉，能夠獲得推薦此書的機會，實在難掩心中的興奮。

如果要說巴夏教會了我們什麼，最重要的大概就是，我們學會從中性的角度，去看待生命中的每個境遇，並且明白自己最大的力量就是如何賦予這些事物意義，進而創造出自己體驗著的世界。然而當我們誤用這股力量，將能力用於創造自己的無能，於是感到痛苦。一旦我們能夠釐清內在擁抱著何種信念，並且學習找到正面的視角看待它，生命就能有不同於以往的開展。

巴夏的「興奮公式」帶領我們放下「對恐懼的恐懼」，持續探索看不見的世界，行至今日，成為此書的推薦人。期許這本書也能為你提供力量與進化的方法。關於進化，用巴夏的語言來說，就是能夠從新的角度觀察和思考事物。

建議第一次接觸巴夏的讀者，可以隨性地翻閱，接著停留在你有共鳴的文字上就好了。信任宇宙的安排，每個人都會在最適當的時間點接收到最適合自己的訊息。

（本文作者爲「宇宙閨密」）

推薦序

追隨興奮，活出天命，巴夏智慧，翻轉人生

周介偉

兩千多年前，佛陀為世人揭示了宇宙的空性本質，洞見煩惱的根源，並指引出一條清晰可行的解脫之道。時至今日，人類的理解方式不斷演進，正如科技持續迭代，近五十年來「新時代」（New Age）思想也以現代語言——如量子力學、平行宇宙、頻率共振等觀念——重新詮釋生命，提出簡明而生動的體驗之道。

在眾多新時代訊息中，「巴夏」可謂深具影響力的代表。其話語幽默風趣、貼近生活，以易於理解的方式傳遞深層智慧，深受全球靈性追求者喜愛，也因此被自發翻譯、以短片形式廣傳於網路。

巴夏備受關注的訊息包括：「兩個地球」（意識頻率分化導致現實分流）、「外星公開接觸」（外星文明即將現身於公眾視野），以及「追隨興奮、活出天命」。其中最令我共鳴的，是其所強調的「意識提升」與「跟隨內在喜悅」的教導——讓我們得以在這場人生大夢中，重新選擇、重新創造，活出靈魂本來的喜悅與自由。就像傳

訊人達瑞爾・安卡從事電影工作一般，我們也能改寫劇本、轉換演出，甚至重新剪輯自己的故事。

本書收錄了多位日本學員的真實分享，如何藉由巴夏的教導，從生命低谷中徹底轉變。無須沉溺於懺悔、療癒或積德換福，僅僅透過意識轉化、選擇新的眼光看待自己與生命，便有如「放下屠刀（舊習與信念），立地成佛」的頓悟體驗。書中更首度公開巴夏工作坊未曾流傳的靜心技巧，絕對是愛好者不容錯過、值得珍藏的一本指引。

（本文作者為光中心主持人）

*本書註解皆出自原書編註。

CHAPTER 1

世界是比喻

為對等的相遇做好準備

各位好，很高興見到你們。

首先，我要感謝所有創造這個交流方式的人。

我們*很樂於和各種世界進行交流，這讓我們感覺非常興奮。透過這樣的交流，你們可以從我們這裡接收各種資訊，我們也能同時擴展自己的意識。

相信現在已經有許多人察覺到，地球上正發生各式各樣的變化。目前在地球上，各位的意識正經歷著各種意義上的成長。無論是哪個行星文明，只要該文明的集體意識開始察覺某種新變化，就會朝宇宙發出新的波動。

在我們眼中，這些新波動就像邀請函。我們將其視為「請過來展開交流」的訊息。

---

* 我們：在巴夏所屬的愛莎莎尼星上，每個人都能經常感受到和其他人的連結，將整個群體視為一個家族，所以巴夏會不時使用「我們」一詞。

這種交流有幾種形式。

第一種是直接面對面會面。

我們很少這麼做。之所以很少採行，是基於以下的考量。

雖然我們的文明沒有比你們優秀，卻是處在**波動**頻率更高的次元。如果高頻和低頻的存在透過肉體，以物理的方式進行會面，雙方的能量場會糾纏在一起。而且一般來說，高頻存在的能量場容易壓過低頻存在的能量場。在這種交互作用下，雖然我們的頻率也會稍微降低，但你們的能量加速程度會遠超過我們降低的幅度。

為什麼我說各位「頻率較低」，是因為**你們在意識中創造出能隱藏部分自我的架構**。這種架構會讓你們看不到自己不想面對的一切。

然而，如果你們直接和我們見面，導致頻率加速，那些被你們一直隱藏、還沒準備好要面對的部分，就會被迫攤在陽光下。一旦尚未準備面對的事物突然在眼前出現，你們的心靈可能會受到打擊，產生恐懼的情緒。

經常有人說，在遇到外星人時會「感受到某種巨大的恐懼」。這種恐懼其實不是來自於外星人，而是因為害怕面對內心始終不願正視的部分。

我們經常聽到有人類說：「我已經準備好要和你們面對面見面了。」

我們偶爾也會回應這種要求，通知對方：「請在指定時間前往指定地點，我們會開太空船來找你。」

那些人依照約定在指定地點等待，以為能毫無畏懼地和我們見面。然而，當他們發現我們真的來了，也看到太空船逐漸接近時，幾乎所有人都會逃離現場。

在不久的將來，你們實際見到我們的可能性會大幅提升。不過在那之前，你們的意識還需要經歷更多變化。所以我們和許多文明進行初次交流時，都是像這樣先透過「通靈」（以特殊能力和高次元存在、外星人、靈體溝通）的形式對話。

此外，由於在夢中更方便與個人互動，我們也會透過夢境為每個人做準備，讓你們也能藉由通靈和我們交流。這樣一來，你們就能間接地和我們見面，而且也不必承受過度的恐懼，只要專心聽取資訊就好。

波動／vibration

每個人都看過水面的漣漪吧。除了水波外，我們身邊也充斥著音波、光波、電波等各種具有波長、波形、頻率的「波動」。從我們的細胞到一切物質的構成元素「原子」，乃至於更小的「粒子」，也都會不斷振動。這些振動在量子力學領域中，也被證實為「波動」的一種。

不僅是物質，物理的運動和姿勢也會產生振動。此外，巴夏曾提到，他將地球集體意識朝宇宙發出的新波動視為邀請函。從這個論述來看，思想和感情也會振盪，發出波動。每個事物都會發出形狀、強度、振幅、頻率各異的特有波動，並透過共振、共鳴向外傳播。

換句話說，每個人體驗到的現實，是根據「給什麼就得什麼」（What you put out is what you get back）這個宇宙法則，由各自意識的振動、波動創造而成。在本書中，巴夏也會從以下各種角度來說明。

頻率（＝振動數）／frequency

在波動現象中，相同狀態於單位時間內重複的次數，稱為頻率（振動數）。比如1秒間重複N次，就以N赫茲（Hz）表示。人類肉眼能看見和耳朵能聽見的頻率範圍非常有限，從微觀世界到宏觀世界，其實還存在著無數的其他頻率。宇宙中的萬事萬物皆具備特定的波動和固定的頻率。巴夏曾提到，他們的愛莎莎尼文明是以平均每秒25萬次的頻率振動。相較之下，地球上大多數人的振動頻率平均僅有每秒7.6萬次左右。若是探求意識進化和靈性成長的人，其振動頻率則多半為每秒10萬次上下。

我是不是真的存在並不要緊。

各位能不能將從我這裡獲得的資訊，實際運用在人生之中，才是最重要的事。

對各位來說，在那個當下最有用的資訊，才是最重要的資訊。

不必把我提供的每項資訊都奉為圭臬，嚴格執行。

但話說回來，我們還是會盡量提供各種不同的觀點。

我們會秉持這樣的意念，繼續向各位傳遞資訊。

你們越實踐我們的話，波動就會越接近我們的頻率。

這樣一來，雙方的文明就能更輕易地站在對等的立場，進行直接的會面。

不過，能像現在這樣透過「人類電話」和各位交談，還是讓我非常開心。

其實你們每個人都擁有這種通靈能力。

每個人都能和其他存在或自己的**高我**（更高層次的自己）進行通靈。

以後你們也會漸漸察覺到，除了以往認知的世界，宇宙中還有更多不同的世界。

起點就在這裡

話說回來，這個物質世界、物理次元，其實只是你們意識的比喻和象徵*而已。

今天我們就來探討這件事。

各位應該聽過「這個物理現實只是幻象」的說法吧。

有人說，這個物理現實不過是幻夢一場。也有人說，人類的本質是靈魂、精神，亦或是能量。

然而，有一點各位也必須明白。

你們原本就是意識本身。所以各位稱為物質世界的這個虛幻世界，也是現實。幻象亦是現實。

在時間和空間中體驗各種事物的過程，就是物理現實。**而這個物理現實，就是你們創造的。**

＊ 象徵：透過具體的事物或形式，表現抽象概念的手法或使用的載體。例如說到「鴿子是和平的象徵」時，便是以鴿子這種具體的動物來表現抽象的和平。

當你們的**高我**，也就是集體意識決定要「在物理現實中進行各種體驗」時，制定了各式各樣的法則。是這些法則建構出這個所謂的現實世界。

然而，這世上還有更多更多，多到不計其數的宇宙。

在那些宇宙中，有些世界雖然也有類似的物理現實，遵循的法則卻和各位所知的南轅北轍。

比方說，有的物質世界就不會受到你們稱為重力的法則影響。

當然那裡也有原子結構，但結合原子的能量形式和這裡截然不同。

各位創造的這個物理現實，乍看像是由非常牢固穩定的結構所組成。

然而，正如我剛才所言，這結構也是來自於你們的集體意識全體同意的法則。

當各位開始意識到「世界是比喻，是象徵」後，那些以往由「全靈」，也就是集體意識同意的法則，將會一點一滴逐漸鬆動。

你們每個人在集體現實中，都各自擁有個人的現實。

所以，每個人理解的步調也自然不同。這樣就好。

因為一切都是在最完美的時機發生。

當個人出現某種改變，那變化也會影響整個群體，出現改變。

各位不必為了「別人好像都做得很好，進展得很快」而擔心，這種自責根本沒必要。一切都會在最完美的時機往前進展。

首先，請記住我以下的話。

就算想更快改變、更快成長，認同當下的自己還是非常重要。

要理解「世界是比喻」、「這個世界是自我意識的顯化」、「這個世界是由自己創造」的道理，最好的起點就是自己內心平穩的部分。

背後共通的定義

接下來，我們要進行靜心。

靜心能讓各位更容易理解「世界是比喻，是象徵」的真諦，知道在日常生活中運用這些知識的方法。

不過在開始前，我要先說明「世界是比喻，是象徵」究竟有何含意。

相信有很多人應該都聽過我們的這句話：

「所有狀況皆為中立，本身不具備任何意義。」

無論是什麼狀況，起初都沒有任何意義，純粹只是中立的提示。

不過，當某個事件發生時，背後總有某種去形塑、引發該事件的狀況。所以在你們看來，這些事件已經被賦予某種程度的意義。

對於物理現實，你們的集體意識會自動賦予基本意義。

簡單來說，在各位的**物理現實背後，是經過你們全體同意的共通定義**。

那是共通的比喻，也就是象徵。

當然，要改變個人生命中的各種定義並不難。不過，我們現在要談的是如何改變位於更深層，屬於集體意識之原型層面的基本定義。

各位，請再次理解我以下要說的話。

你們創造的一切物理性實體，也就是物質，皆具有固定的振動頻率。

雖然各位也可以為任何物質或狀況賦予自己的意義，但另一方面，那些物質和狀況已經有你們集體意識的定義先行賦予的特定頻率。

為什麼各位必須特地學習這些概念呢？

因為只要你們理解「自己的現實由自己創造」、「自己的意識能超越物理現實」，就能將概念運用在日常生活中，創造充滿狂喜、永遠快樂的人生。

如果各位想這麼做做看，我們就繼續往下說。

對自己而言，永遠只會更好、更棒，不會有太過的情形發生。

我要再強調一次，某個物體或狀況有時會成為你們眼中的共通象徵，或者是讓你們感受到共通的感覺，因為那是來自於你們意識深處的集體原型層面。

在這裡，我以蜂鳥為例。雖然這只是一般的說法，不過在你們的社會中，蜂鳥通常被視為高維度意識或未來世的象徵。

因此，當各位看到蜂鳥時，就知道自己正在創造高我或未來世的自己的波動，或是正在和這種波動同調，所以吸引到蜂鳥這個屬於你們自己的原型*象徵。

---

* 原型：不受階級、宗教、種族、地理位置或歷史背景影響，普遍存在於人類心中並衍生類似思維、意象、情感和信念的深層模式，心理學家榮格稱之為「構成集體潛意識的原型」。

萬事萬物，皆具備特定的振動頻率

因此，今日我要來檢視以下兩個概念：

一個是**以中立的角度觀看這個物質世界**，另一個則是**了解經集體意識同意的象徵性定義**。

希望各位能先理解，處於自然的狀態時，**你們都是純粹的意識能量**。

所以，各位在日常生活中使用的物品、採取的行動，本質上都只是你們意識狀態的象徵，也可以說是比喻。

在這個物理現實中，你們把自己存在的狀態，也就是意識的能量，轉換成日常生活中的用品、行為等形式，藉此和周圍的人進行溝通。

所有物理的運動和姿勢，也都具有波動，因此會產生以下的可能性。

各位之中有很多人已經理解剛才提到的「象徵性波動」概念，從而創造出名為**神經語言程式學（NLP）**的理論。就是這麼回事。

比方說，有位A先生實際做了某件事。接下來，我們讓另一位B先生徹底模仿A的一切，從行為到姿勢都要求完全一致。這樣一來，B就會自動開始產生和A完全相同的想法和感覺。

這就是你們所謂的心靈感應的基礎。

其實，心靈感應並不是互相讀心。當你的波動頻率和對方達成一致時，那股波動也會在你的現實中形成，讓你和對方在同一時間想到同一件事。熱戀中的情侶之所以能洞悉彼此的心情，也是同樣的道理。當雙方的波動達成調和一致，就會進入同步狀態。

所有物理性的事物，包括行為、姿勢、物體本身，皆可視為各自具有固定頻率的個體。請務必牢記這一點。

現實如鏡，反映自我的意識

只要觀看每個人的現實，就會發現當你們遇到某個人物、狀況或物品時，最重要的就是留意自己對那個人物、狀況或物品有何感受。

面對人事物時產生的感覺，就代表個人為那些事物和狀況賦予的意義。所以不管遭遇到什麼，最好都先後退一步，慢慢感受自己內心浮現的感覺。

透過感受那些感覺，可以更清楚看到自己具備的**信念**，以及最原本的自我。

此外，你也能更具體、詳細地觀察自己建構出什麼樣的人格（個性，指個人統一且持續的整體特質）。一旦了解自己的人格，就能逐步找出依自己的期望重新調整人格的方法。

當我們說「物理現實是比喻，是象徵」時，意思就是「物理現實是一面鏡子」。

這面鏡子一如其名，會忠實反映各位的意識。

我們總是強調，宇宙只有一個法則。

給什麼就得什麼。如此而已。

所以你們要知道，**這個物理現實也並非位於自己外在的世界**。

我來告訴你們一個祕密吧。

其實根本沒有所謂的外在，每個人都能完全填滿自己的現實。在自己的現實中體驗到的一切，完完全全就是自己。這個物理現實名副其實，就是你們自己創造出來的。

一切皆由自身的意識組成。

你們的意識，以及所有存在於「創造」（Creation）*之中的意識，全都是在仿造

「偉大的一切」（All That Is）。

所以，你們也同樣具有反映自己的能力。

無論各位是否能明確地意識到這一點，**你們的物理現實都會時時刻刻、正確無誤地反映每個人的意識波動**。

將萬物視為象徵

那麼，該如何將這些知識實際運用在日常生活中呢？

以下是第一個步驟：

每當看到某個事物時，要先從「這大概是某種象徵」的角度觀看。

然後，仔細觀察那個象徵，找出自己在個人或集體意識層面上賦予了何種意義。

再來，你要以完全中立的立場來檢視這個象徵。如果賦予的意義符合自身的期

＊「創造」：創造宇宙萬物的根源，亦稱為「造物主」（Creator）、「偉大的一切」（All That Is）、「太一」（the One）、「起源」（Source）、「宇宙」（Universe）等。單就字面來看，是指製造各種經驗的行為本身。在本書中，巴夏回答關於宗教的提問時，曾解說「創造」與個人之間的關係。

望，就能直接進一步擴大。相反地，若不符合期望，就要從中立的立場出發，改成更符合自身期望的定義。

請開始將物理現實的萬事萬物，視為表現自身意識狀態的象徵。

比方說，你的意識賦予書桌和椅子什麼意義？你對這些物品抱持什麼態度？對於使用桌椅，又是抱持什麼態度？請試著從以上觀點來看。

是你們賦予那些物質波動，允許那些物質以這種型態存在。

只要各位理解這一點，就能改變自己的現實。

現在，就讓我們運用靜心，逐步鬆動各位已經創造的比喻吧。

通靈／channeling

通靈一般是指「透過特殊能力，與高維度的靈體、外星人進行溝通」。作為通靈媒介的人，則稱為「靈媒」或「通靈者」。

通靈可依過程中的意識狀態，分為三種類型：第一種是將靈媒自身的意識擱置一旁，替換成其他意識的「完全出神通靈」（Full Trance）。本書達瑞爾·安卡所傳訊的巴夏，就屬於這個類型；第二種是一半保持意識清醒，一半進入通靈狀態的「半出神通靈」（Half Trance）；第三種則是保有原本意識狀態的「清醒通靈」（Conscious）。

關於通靈，達瑞爾曾做出以下的解釋：

「所謂的通靈，就猶如兩支音叉。當一支音叉開始振動，旁邊的另一支音叉就會接收振動，產生共鳴，也開始同樣振動。同理可循，當我改變自身的意識，巴夏也會同樣改變意識，雙方的意識波動一旦接觸，便會產生共鳴，以相同的頻率振動。只要我和巴夏的思維以相同的頻率振動，我就能接收到他的想法。」

巴夏沒有使用人類的語言，只是傳送他的思想。由於肉體的主人達瑞爾是說英語，所以訊息會被翻譯成英語。當我們講電話時，聽到的也不是對方實際說話的聲音，而是將發話方的聲音先轉換成電子訊號，傳到受話方後再恢復成聲音；通靈也是類似的原理。正如本章提到的「人類電話」一樣，通靈的作用就有如打活體電話。巴夏和人類交流時，感知到的並非語言，而是波動。

本章開頭也提過，巴夏之所以不直接會面，而選擇透過通靈進行交流的目的是，「我在這些交流中的任務之一，就是讓各位想起自己的高我（Higher Self），也就是自我的高頻波動，並得到與高我同調的能力。」

另一方面，巴夏也曾說「每個人都能和自己的高我通靈」、「做自己喜歡的事也是一種通靈」。也就是說，當我們在捕捉直覺和做喜歡的事情時，就相當於和高我的能量進行清醒通靈。

用魔法鑰匙解開象徵符號

各位拿好比喻的鑰匙了嗎？準備好了嗎？

現在，請睜開眼睛，想像你手中握著只屬於自己的鑰匙。

這是一把能將你導向理想現實的鑰匙。

如果手中的鑰匙正不斷變形，就任由它去變吧。這景象只是在展示，你的能量有多麼強大。如果鑰匙的形狀沒變，也完全無妨。

總之，請想像一把對自己來說「就該是這樣」的鑰匙。

接下來，請閉上眼睛……。

閉上眼睛後，請清楚地看見那把魔法鑰匙。然後，用自己的手實際握住那把鑰匙。請實際動手看看。

你們的實際行動本身就具備波動。這一點非常重要。

再來，請想像這樣的畫面：

你獨自站在一個寬敞的木造房間裡。眼前有一張質樸的木桌。

我說的都只是基本方向。

所以，如果你在想像中開始朝別的方向前進，就順勢走下去吧。

◆石

那張桌子上有塊石頭。

是什麼顏色、形狀、模樣都無所謂。

請看著那顆放在桌上的石頭。

請實際用手牢牢握住石頭。

在石頭上的某處，有個鑰匙孔。

請實際動手，將鑰匙插入孔中。

先不要轉動。

只把鑰匙插進孔中就好。
我從 3 倒數到 1。
3、2、1。
轉動鑰匙。
喀噠。

把鑰匙留在孔中，鬆開手，靜觀片刻。
石頭的鎖開了，牢固的維度開始鬆動。
石頭開始顯現想讓你看到的一切。
你只需要靜觀那一切。

隨著畫面的開展，
你朝石頭裡越走越深，越走越深。
石頭不斷長大，越來越大，越來越大。
隨著石頭變大，
你進入石頭中更深，更深的深處。

請觀察你周圍石頭的結構。
請觀察你周圍原子的結構。

你在石頭中變得越來越小，越來越小。
請伸出手，試著感受石頭內部的觸感。
那是什麼感覺呢？
請盡可能感受石頭內部的各種感覺，越仔細越好。
你可以聞聞氣味，
嘗嘗味道……。
有聽到什麼聲音嗎？

在感受的同時，也要認真留意自己對石頭抱持的感覺。
讓自己的波動和石頭的波動達成調和，感受看看。
還要注意自己得知什麼關於這顆石頭的事。

接下來，請擴大自己的意識，從石頭中出來，讓自己恢復成原本的大小。
石頭也恢復成原來的大小，
再次回在你眼前的桌上。
鑰匙依然插在石頭上。

請伸出手，握住魔法鑰匙。
將鑰匙朝原本的方向轉動，重新上鎖。
喀噠。
拔出鑰匙，重新握在自己的手中。
請感謝這顆石頭，感謝它將自己擁有的知識和波動分享給你。
然後，石頭就從桌上消失了。

◆植物

這次請想像桌上有棵植物。

是樹是花都無妨。

這棵植物的表面也有鑰匙孔。
請牢牢握住鑰匙，將鑰匙插入孔中。

3、2、1。

轉動鑰匙。
喀噠。
鎖開了。
鬆手，放開鑰匙……。

植物不斷變大。
內部的一切在眼前開展。
你的意識變得越來越小，越來越小，
進入那棵植物的構造中。

請看看四周。
看看光線。
試著感受溫度。
在石頭中做過的事，也在植物中做一遍。
你可以試著去感覺，去嗅聞，
去品嘗，去聆聽……。

這裡最重要的關鍵，
就是讓自己置身於植物的波動中，
去感受那股波動。
然後，將那棵植物知曉的一切，擁有的知識，都收為己有。

現在，擴大你的意識，恢復原狀，從植物中出來。
那棵植物又回到你眼前。
上面依然插著鑰匙。
請實際伸手，碰觸鑰匙。

將鑰匙往回轉，為植物上鎖。
喀噠。
拔出鑰匙，握在自己手中。

請對這棵植物表達感謝。
「謝謝你和我分享你的波動。」

植物也消失了。

◆**動物**

這次，請想像桌上是你喜歡的動物。
你在動物的心窩處找到鑰匙孔。
現在，將鑰匙再次插入孔中。
3、2、1。
喀噠。

鎖開了。

鬆手，放開鑰匙……。

隨著那隻動物的意識逐漸擴大，

你在牠的內部越走越深，越走越裡面。

擁有這隻動物的身體，會是什麼感覺呢？

你一邊感受，一邊穿梭其中。

試著像穿衣服一樣穿上這隻動物，

去感受那是什麼感覺。

你的意識越縮越小，

進入動物的深處，進到原子結構中。

請試著觸碰那隻動物的細胞和原子，

感受構造中的各種波動。

那隻動物究竟會看到什麼呢？
請試著透過同樣的眼睛去看。
牠有的感受，你要感受看看。
牠所看見，感受到的一切，
你也要用自己的感官去感受看看。
一邊感受那股波動，一邊感知這動物知曉的一切。

現在，讓你的意識再次擴大，
從動物中出來。
動物也回到原本的位置。
就在你眼前，身上還插著鑰匙。
請伸出手，為植物上鎖。
喀噠。
從動物身上拔出鑰匙。
然後，向這隻動物表達感謝。

「謝謝你和我分享你的波動。」

現在，動物也消失了。

◆真正的自己

這次，請想像另一個自己就站在眼前。

你看著眼前的自己，發現心口上也有鑰匙孔。

現在，請懷著愛意，用柔和、溫暖的態度，

將鑰匙輕輕插入孔中。

3、2、1。

喀噠。

鎖開了。

鬆手，放開鑰匙……。

你的意識變得越來越小，越來越小。
隨著意識縮小，你開始看到眼前這個自己的意識之中。
你會不斷深入自己的內部。

讓自己感受到真正的你是什麼樣子吧。
試著感受真正的自己吧。
恐懼、悲傷……，
無論內在有什麼感覺，只要靜觀其出現就好。

你身在一個完整的地方。
一個令人舒適的地方。
無論有什麼感覺、情緒，都不用擔心。
在感受那些感覺的同時，
你也可以試著感受自己內在的喜悅和感謝。
你正受到來自「創造」和「宇宙」的祝福。
請感受這份祝福。

請感受你體內的所有原子。
徹底感受真正的自己吧。
徹底感受理想的自己吧。
好，現在做個深呼吸。

用力吸氣……，
用力吐氣。

再做兩次。

你會感覺到神清氣爽，煥然一新。
身心放鬆，有如獲得解脫。
你擁有想知道什麼都能知道的自由。

現在，請擴大你的意識，退出自己的內在，
看著站在眼前的自己。
他身上依然插著鑰匙。

你朝眼前的自己伸出手，拔出鑰匙，
將鑰匙拿回自己手上。

你要一邊親手收回鑰匙，一邊表達感謝之情。
「謝謝你。」
「感謝我自己。」
「也感謝『偉大的一切』。」
然後，那個「自己」也消失了。

◆地球

這次，請想像巨大的地球。

在這個地球上，你也找到鑰匙孔。
請將自己持有的魔法鑰匙插入孔中。
3、2、1。
喀噠。
鎖開了。
鬆手，放開鑰匙……。

稍微往退後，看向地球。
地球越變越大，越變越大。
你則越縮越小，越縮越小，
縮到相當於地球內部原子的大小。

感受地球深邃的力量圍繞在四周。
感受地球深遠的意識正流貫於體內。

地球深沉的愛化為波動，

從你的身上往外擴散。
你體內散發的愛之波動閃閃發光，
照耀地球上的意識、生命、萬事萬物。
請感受這股波動，這道光芒。

這股能量幫助一切，
支持一切，
滋養一切。
它能永恆地，充分地供給一切存在。
請感受地球的智慧。
請感受那自古綿延的悠久，
感受那滄海桑田的演變，
感受那永恆。
請感受地球的靈魂。
感知地球所知曉的一切，
感覺地球所感覺的一切。

現在，請用力深呼吸。

大口吸氣……，

吐氣。

此刻的你，正躺在地球的中心，安然沉眠。

請試著感受那樣的自己。

盡情地感受……，

然後，從地球中退出，悠然甦醒，

看著眼前的地球。

從地球上拔出鑰匙，表達感謝。

「謝謝你讓我感受你感受到的一切。」

現在，地球消失了。

房間也消失了。

◆自己

現在你站在美麗的高原上。
溫暖的微風徐徐吹拂。
附近的水面反射日照，波光粼粼。
你手中的鑰匙也反射出美麗的光芒。

這次握著鑰匙的你，在自己的胸口上找到鑰匙孔。
請實際動手，將鑰匙插入孔中。

3、2、1。
喀噠。
鎖開了。
鬆手，放開鑰匙……。

那把鑰匙從鑰匙孔往內鑽，消失在你的心中。
鑰匙孔也消失了。
這讓你再次成為完整的存在。
你不但是完整的存在，內心也保持開放。

透過這個方法，你可以針對地球上的每個象徵進行學習。
不論是礦物、植物、動物、人類，甚至行星，
你都可以仿照剛才的方式，先想像一個房間，
在房內把自己想理解的對象當成象徵來觀看。
在象徵上找鑰匙孔，插入鑰匙解鎖。
開鎖後，去感受那個象徵想告訴你的一切。
請單純感受就好。
這世界對你而言是象徵，是符號。
是能任你查閱，名為「人生」的書。
剛才所用的鑰匙，是象徵能開啟一切封鎖的你。

那把鑰匙，就是你至高無上的愛。
請讓愛閃耀吧。

好，現在做個深呼吸，睜開雙眼。

站起來，伸展身體。
繼續伸展……。
請盡情伸展，以伸向天際的感覺，往左右，往前方。
接著，請溫柔地擁抱自己，
向這個「偉大的一切」獻上感謝，
然後坐下。

現在，各位已經得到能讀取各維度資訊的強大工具。

請記住，不論是哪個維度的資訊，都能用剛才的方式進行連結。

這個物理現實的一切，只是以象徵的形式呈現的能量。是針對你們存在的資訊和訊息。

現在，各位已擁有能解開那些資訊的鑰匙。

謝謝你們總是牢牢握住那把鑰匙。

謝謝你們給我們機會，讓我們能提醒你們，其實你們心中早已擁有那把鑰匙。

謝謝你們始終堅持「我自己就是鑰匙」的態度。

解除和改變象徵的方法

接下來，我們要談如何從中立的角度看事物，以及如何改變那些事物。

我之前曾說：「無論哪種狀況，本質上都毫無意義。」

在這個物理現實中發生的一切，以及所有象徵和比喻，基本上都是中立的。

意義是由各位賦予的。

你們賦予什麼意義，就會對這個物理現實造成什麼影響。

關於這個概念，我會用我們常用的例子來說明。不過這次我會談得比以往更深入一點。

無論各位處於什麼狀況，都能以這種方法和工具自行解除。

你們將理解集體意識賦予的象徵性意義，還能把意義轉換至自己期望的方向。

◆沒搭上電車的例子

電車是我們常舉的例子之一。

假設各位要參加一場對人生有重大意義的會議。這場會議非常重要，為了能趕上電車，你出門前考慮到一切可能。然而，即使出門前再三注意，盡量做足準備，到達車站時，電車還是開走了。

你站在月臺上，看著電車遠去。電車過了個彎，從視線中消失。

依照以往的習慣，你或許會賦予這個狀況負面意義，感到氣憤或煩躁。

「我居然錯過了這班車！那可是很重要的會議啊……我的人生毀了！」

不僅如此，你可能還不甘心只有自己生悶氣，想把別人也拖下水，甚至開始考慮去站務員辦公室開罵：「你們就不能把時刻排好一點嗎？都怪你們亂排時刻表，我才會搭不上車！」

但我希望你們能明白，這個狀況本身並沒有任何負面意義。

所以，讓我們再倒回去看一次。

回到剛才的月臺上。你盡一切所能趕來車站。

然而，就差那麼一點，電車還是開走了。

「拜拜。」

這時，你忽然想起一件事。

「啊，遇到這種情況時，我可以選擇賦予正面，而非負面的意義。」

想起後，你就能像小時候一樣，露出驚訝的眼神。

「我明明是做足準備才出門，卻還是錯過電車。既然如此，這一定有什麼正面的理由才對。為什麼這會有正面的理由？因為我說這樣，就是這樣。」

當你這麼想時，就會釋放出這種波動。

一旦釋出這種波動，宇宙就會回應這波動，還給你相同的現實。

因為狀況本身原本就沒有意義。

只要明白這一點，就能帶著愉快的心情探究「為何會發生這件事」的原因。

這時你會感到無比興奮，充滿各式各樣的想法。思緒越飄越遠，開始做起了白日夢。

在夢的世界裡，你站在月臺上，看著下一班車緩緩駛入。反正注定趕不上會議，也不必急著搭這班車。

就在這時，有位多年未見的老友從車上下來，雙方都大吃一驚。

那位朋友對你說：

「本來想給你一個驚喜，沒想到會在這裡碰到你！我有個非常適合你的工作，你聽了肯定會興奮到不行！」

神經語言程式學（NLP）／Neuro-Linguistic Programming

由語言學家約翰·葛瑞德（John Grinder）和治療師理查·班德勒（Richard Bandler）所創立的體系，以溝通、自我成長和心理治療技巧為核心。他們針對三位天才治療師，包含開創催眠療法的米爾頓·艾瑞克森（Milton Erickson）、完形療法的弗里茨·波爾斯（Fritz Perls），以及家族療法的維琴尼亞·薩提爾（Virginia Satir）所使用的「語言和非語言運用法」、「潛意識活用法」進行分析和系統化。這套體系最初用於臨床心理治療，後來也被廣泛應用在商業、教育等其他領域。

簡單來說，NLP就是研究「內在世界」（意識／大腦）和「外在世界」（現實）的關聯性，找出其中的規則。人類都是透過五感（也就是神經）來認知、認識外在的世界。認知的過程幾乎都透過語言進行，所以才會稱為「神經語言程式學」。這門學問主要是研究將外在世界替換成內在世界時，會發生何種變化，或是反其道而行，透過納藏於內在世界的相似形體去觀看外在世界時，會發生什麼情況，然後將這兩者的結果轉化為可實際運用的技巧。

神經語言程式學的要素——如何認知、認識現實，在巴夏提供的資訊中隨處可見，說這是一切的開始，應該也不為過。

比如本章提到的沒搭上電車的例子，就是在探討這個主題。如何認知、認識眼前的狀況（賦予狀況什麼意義），會改變接下來的體驗。巴夏常說「給什麼就得什麼」、「所有狀況起初都毫無意義」，一切都是中立的。你要如何認知，如何賦予意義，如何體驗相對應的現實，都取決於自己的選擇。

另外巴夏也說，當我們想實現令自己興奮的事物或夢想時，「徹底成為」是非常有效的方法，這也是神經語言程式學的要素之一。本書也將介紹許多觀想練習，能幫助我們創造或借用最接近夢想實現的時間點的情境，讓自己置身其中，運用五感和情緒去感受。實際運用五感，再以神經語言的形式，將所有感覺收進內心。然後，當你展現出彷彿目標已實現的言行時，就能將顯化的結果吸引過來。

這一刻，你不禁恍然大悟，心想：

「如果我剛才順利搭上車，就會錯過這個機會。對我來說，這遠比那個會議重要多了。」

因為你賦予狀況正面意義，才會在月臺待到朋友過來。如果你選擇拂袖而去，這個狀況就不會發生了。

當然，就算你憤而離開月臺，朋友還是有可能找到你。

但也可能找不到。

一切都取決於你能不能放下負面意義，選擇賦予狀況正面的波動。

人生就是這樣，當你允許這樣的事發生，就真的會發生。

這不是天方夜譚。

所有事物都會以不可思議的方式，巧妙地連結在一起。

因此，如果你允許那件事發生，它就會發生。

即使不明白為何該這麼做的箇中道理，只要對人生中發生的每個狀況都各自賦予正面的意義，正面的事就會開始發生。

◆電車的例子：繼續推演

這個例子，我們已經用過很多次了。
這次我要試著繼續往下推演。

現在，我們再倒回一開始剛抵達月臺的地方。
電車開走了。
各位都知道這時該說什麼了吧。
「拜拜。」（笑）

不過這一次，在賦予這個狀況正面或負面的意義前，我們先來做一個完全不同的嘗試，一起看看在你們的集體意識中，這個狀況已經內含何種基本意義。

接下來，我們在劇情中進行觀察。
你站在車站的月臺上。
周圍可能還有其他人。

你看著電車漸行漸遠。

請在想像中後退幾步，環視整個畫面。
想像你的意識彷彿靈魂出竅，向上浮升，從正後方45度角觀看。
你站在完全中立的立場，從那個位置觀察眼前的狀況。

請試著逐一檢視所有會造成這個狀況的必要因素。
把各種想得到的可能性列出來。

趕上電車。賦予正面的意義。
趕上電車。賦予負面的意義。
沒趕上電車。賦予正面的意義。
沒趕上電車。賦予負面的意義。

總之，請試著檢視各種可能性。

再來，將整個景象視為一幅包含各種可能性的能量畫作，就彷彿光線互相作用，交織出不同的花紋。

各位也可以運用想像力，把那股能量化為某種象徵性的畫作。

例如，讓那個場景以塔羅牌式的風格定格，或者是以電視畫面的形式定格。你們也可以讓幾個物體出現，物體之間還具有某種相互關係。

看起來大概就是這樣的感覺。

不論以哪種象徵性的觀看法都無妨，但隨後一定要盡快做一件事。那就是在自己心中運用靈感，找出這件事整體上的意義是什麼，理由又是什麼。這麼一來，各位就不會只拘泥在「有商務會議」、「遇到朋友」之類的枝微末節，而是從中汲取出集體意識所持有的根本意涵。

你們或許會忽然察覺到，原來「相信時機」是這個事件的根本意義。然後你們就會開始理解，自己正透過這個狀況，試著在人生中教導自己某個由自身靈魂所選擇的重大主題——例如「相信時機」。

下一步，你們要將從中學到的一切整合進自己體內，再次逐一檢視所有事件。完成後，各位就會開始看出，所有時機就像交響樂團一樣，搭配得如此和諧。

這世界是根據你們的意識，以比喻和象徵的形式顯化出來。

隨著波動的狀態不同，顯化的比喻和象徵也不同。

因此，這世上並沒有偶然。

你身旁坐什麼人並非偶然，他們穿什麼也不是偶然。

對自己的意義是大是小，程度或許會因人而異。即便如此，每個發生的事件在全體中都具有意義，就像交響樂團一樣。

雖然從整體來看，程度當然各有不同，但每個參與其中的人都會得到整體的支持。

你會開始看出每件事是什麼類型的時機。

每個當下的每個狀況，都是觀察自身意識的波動及其本質的機會。

例如，遇到塞車時，既然人都已經卡在車陣中，不妨就試著探討塞車究竟想告訴你什麼時機。

首先，請把「是因為我的內在有某種缺陷，所以才創造出這種現實」的想法先擱在一旁。

當你真的竭盡所能，卻依然處於那種狀況時，請相信那個象徵要向你展示的一切。

全靈／over-soul

「全靈」是一種集體能量，為現在的人生、過去世、未來世、平行人生綜合而成的集體意識。以別的說法來說，全靈（高維度靈魂）創造靈魂（soul），靈魂創造心靈（spirit），心靈又分成高維度意識和物質界意識，而同時擁有這兩種意識的，就是名為人類的存在。每個人都是全靈的一部分。

過去世、現世、未來世同時並行。全靈可同時體驗無數靈魂、高維度意識、物質界意識及輪迴轉生。巴夏說他是達瑞爾的未來世，就代表巴夏和達瑞爾是同一個全靈的不同型態。

當巴夏解釋「一切同時並行」時，經常以電影膠捲或電視節目來比喻。在我們的印象中，電視上雖然隨時都有不同節目在同時播放，但一次只能轉一個頻道收看。當物質界的意識集中於一個節目時，就無法意識到其他節目，但全靈卻可以同時收看所有節目。

巴夏曾介紹過一種靜心練習，能讓人類暫時一窺身為全靈的感覺。這個靜心練習的目的，是讓我們在現實中因為強烈的痛苦、恐懼而感到無法動彈時，可以將自己的人格（見第80頁）再結晶化。透過將目前的人格暫時分解和再結晶化的過程，可以體驗全靈的視角。這種成為想了解的對象、從體驗中學習的方法，是亞特蘭提斯（見第219頁）的教育方式之一。巴夏說，教育的內容應該以體驗為主體，本章的練習「用魔法鑰匙解開象徵符號」也採用相同的手法。只要透過靜心練習嘗試體驗，應該就能加深對全靈的了解。

另外，你們也要相信自己就算了解不同事件以不同方式發生的機制，也不必每次都得清楚意識到那事件對自己有什麼意義。

舉例來說，你在某個十字路口遇到塞車，耽擱了五分鐘，或許是為了讓你避開五分鐘前在其他十字路口發生的車禍，才會稍微錯開時間來保護你。

這五分鐘的等待究竟為了什麼，你可能永遠不知道。

不過，你也不必刻意知道自己創造了什麼狀況。

這一點，還請各位牢記在心。

請相信「時機」對你而言是真實的。

只要相信你的內心深處整理和呈現的一切，就夠了。

這個世界真的是你們的夢中世界。你們正一起做這個夢。

現在和各位交流的我們，某種層面上也是和你們一同創造這個夢。

這裡是你們讓自己的現實和我們的現實產生重疊的部分。

這裡有著雙方同意賦予相同意義的象徵。

靜心練習

溶解象徵，進行結晶化

現在，請再次閉上雙眼。

今天現場有不少人咳嗽呢。咳出來沒關係，我不會介意。

咳嗽只是象徵性地把舊東西排出去而已。這是你們的比喻。

一切事物都可以像這樣視為某種象徵。

所以，請無條件地愛自己。

好，現在閉上眼睛，深呼吸。

（深吸氣）

請看著面前發光的鏡子，

想像自己正想著：「原來我平常看起來是這樣啊。」

鏡中的自己會逐漸改變模樣。

你會看到鏡中的自己變成和原來相反的性別。
如果你是男性，會在鏡中看到內在的女性部分。
如果妳是女性，會在鏡中看到內在的男性部分。
各位的靈魂都同時擁有這兩種能量。
至今為止，你們都已經多次以男性或女性的身分誕生。

現在，請花點時間注視鏡子，
看著自己在鏡中的臉變男變女，變成各色人種。
鏡中的對方也正敞開心胸，以開放的態度面對你們。

再來，請說以下這三句話。

「我就是這些人。」
「我能理解這些人的內心。」
「他們也能知曉和理解我的內心。」

現在，你會在鏡中一次看到他們所有人的臉。

這些臉往鏡子中央匯聚、融化，
最終合而為一，化作璀璨的光芒。

你們的現實除了象徵，空無一物。
這裡唯一有的，就是意識。

不要以為自己的意識存在於體內，
是你們的身體存在於意識中，
你們的肉體只是以物質形態顯化的意識。

所謂的現實世界，
不過是你們的意識以單一象徵的形式顯化的結果。
各位是往所有方向化為永恆的存在，
所謂的「內在世界」和「外在世界」，其實也是象徵之一。

一切皆為一體。
是一體，
是一切，
是永恆，是無限，是一體。
一切都是在永遠地反映出一切的可能性而已。

所有維度，所有宇宙，所有現實，
都只是在呈現唯一的意識。
不過是象徵罷了。

現在，鏡子消失了。
請睜開雙眼。

再用力深呼吸一次。
這是淨化的呼吸。

吐氣時請這麼做，
「呼——」
這是各位的創造之息。

吸氣時，讓陳舊的象徵逐漸溶解，
呼氣時，讓嶄新的象徵化為結晶。

你們現在成為創造的熔爐，
猶如不斷消融陳舊象徵的高爐。
感覺自己在呼氣時，都有新的象徵結晶化。

各位是有生命的光。
謝謝你們始終記得自己是誰。

現在，請睜開雙眼，站起來，伸展四肢。
將手臂盡情往上伸，越高越好。

然後，擁抱自己的每個部分。

還要記得那把光輝燦爛的鑰匙。

好，接下來，我們要進入問答時間。

答案就在自己心中

在開始問答前，我有些話想先說，希望在場每個人都能將這些話牢記在心。

接下來我會回答各位的提問，闡述各種觀點。這麼做的目的只有一個，就是**引導各位想起早已存在於你們心中的答案**。

進行這種對話的目的之一，是要提醒各位，你們和「創造」是相連的。只要想起這一點，就能自行創造期望的現實和人生。

一旦達到這個階段，你們就會知道答案其實自在心中，根本不必特地問我。

我很期待被各位「開除」的那一天。

到時我們就能在這個「創造」的萬物中，以對等的立場和各位交流。

你們的文明和我們的文明可以共同學習，互相分享，一起嬉戲。

你們現在的文明包含許多會束縛自己的事物。那些潛藏在你們的意識深處，將自我局限於窄籠中的部分，會使各位忽略內在既有的答案，刻意向他人提問。

但是，我要提醒各位。

能提問就代表心中已有答案。

如果沒有，連疑問都不會產生。

所以，當我收到問題時，會和各位一起探討，讓你們對這些問題有更深入的理解，以後才能用同樣的方式自行導出答案。

我們相信，你們本來就有能力自行創造想要的一切。

若想找出內在潛藏的這種才能，最好的方法就是去做最讓自己興奮的事，與他人分享。

與他人分享讓自己興奮的事物，正是讓那些事物在物質維度顯化的第一步。

你們要記住，無論提問者是誰，問題是什麼，都和在場所有人息息相關。所以，請各位務必聆聽每個提問，以後才能把聽到的內容直接應用在自己身上。

在問答的過程中，你們會聽到能反映自身各個層面的真相，彷彿大家在共同演奏交響樂一般。你坐什麼位置、是什麼來歷、做什麼打扮、旁邊坐了誰、聽誰在說話，都絕非偶然。

無論是什麼問題，只要你專心傾聽，就能聽到這個現實的每一首歌。

每個人都是從不同角度反映「創造」的鏡子。一切都恰到好處，沒有多餘的部分。在這個地球上，沒有什麼是剩下、不需要的。

每個當下都有意義，而意義就在各位心中。

Q1 意識是否有起源？

Q1（男） 我想請教關於意識的問題。意識是否有起源？

巴夏 意識是純粹的「存在」，沒有開始，也沒有結束。

別忘了，時間是意識創造出來的。意識並非時間的產物，它原本就存在，而且只是存在。在物理現實中，要完全理解這個概念可能有難度，不過用以下的說法或許會好懂一點。

當下這個瞬間，是完全相同的瞬間。這個瞬間始終存在。你們只是從不同角度去觀察這完全相同的永恆瞬間。除了這唯一的當下、永恆的當下，沒有其他瞬間。過去沒有，未來也不會有。

時間是一種幻象。是這個幻象讓你們以為在這個當下之外，還有許多瞬間。是「時間和空間」創造了這樣的象徵和比喻。**畢竟要呈現「當下這個永恆瞬間是多采多姿，無窮無盡」的樣態，方法就是透過「時間和空間」**。

但「創造」只有唯一的瞬間。唯有這個瞬間是存在的。**你不過是作為「偉大的一切」的某個側面，從各種角度去觀看這個當下，這個只存在**

一**剎那的瞬間**。

要在物理現實的局限中理解這個概念，可能極為困難。不知道我剛才的說明是否能稍微幫你解惑呢？

重點整理

Q1 意識是否有起源？

A 意識是純粹的「存在」。沒有開始，也沒有結束。時間是意識創造出來的。意識並非時間的產物。

Q2 鑽石扮演什麼角色？

Q2（女） 我從四年前開始從事珠寶設計，目前主要用的是鑽石。請問對人類和現今的地球來說，鑽石這種礦石扮演什麼角色呢？

巴夏 鑽石是由清晰的意識和意志結晶而成，是代表這兩者的象徵。這樣妳明白了嗎？

Q2 明白。

巴夏 這樣的答案妳滿意嗎？

Q2 滿意。不過我還有一個問題，就是為什麼我現在會成為專門設計鑽石的珠寶設計師呢？（笑）

巴夏 不就是因為妳對這個感到興奮嗎？（笑）

Q2 啊，說得也是，沒錯。

巴夏 難道妳想要什麼更神祕的理由嗎？

Q2 嗯，如果有當然好。

巴夏 那我先問妳，為什麼妳會想這麼做呢？妳這麼做的時候，又有什麼樣的心情呢？

Q2 我覺得這工作很有意思，可以引發更多魅力，讓人變得更加耀眼。

巴夏 好，那麼這工作有幫助妳變得更富足嗎？妳有感覺自己變富足嗎？

Q2 某種程度算是有吧。（笑）

巴夏 所以，這是「沒有」的意思嗎？

人格／personality

「人格」是指人的個性，代表個人統一、持續性的整體特質。這個架構讓原本是純粹意識的我們得以體驗物理現實。人格是讓我們能在物理現實中以獨特方式經驗自身的主因，也是我們和「偉大的一切」及「無條件的愛」調和的原有波動穿透的濾鏡。當我們從心靈的非物理現實來到物理現實，讓自身結晶化並擁有肉體時，人格架構會如濾鏡般疊在我們原有的波動上。我們體驗的所有現實，都是波動通過濾鏡後產生的。所以，當人格和我們原本跟「無條件的愛」調和的自身波動間產生誤差時，我們就無法順利實行讓自己興奮的事，甚至會出現痛苦、恐懼等負面情緒。

在人格架構中，有三個在物質維度生存時必要的基本元素，那就是「信念／情緒／行為」。

最根本的是「信念」。信念是被人灌輸或自己深信「現實是這樣」的定義。絕大部分的信念，都是我們身旁的成人（主要是父母）灌輸的。在成人的影響下，我們不斷收到資訊，透過結晶化形成特定的信念系統。這種系統會在三到七歲間確立，讓我們開始看到在往後的人生中應該探討的主題類型。個人在物理現實中體驗到的一切，都是由自身抱持的信念、定義和信仰創造而成，所以才會有「是自己創造自己的現實」這種說法。

第二個是「情緒」。情緒源自於信念。我們抱持的信念會形成情緒，自內心湧現，因此我們可以順著情緒倒推回去，找出自己抱持什麼信念。

第三個是「行為」。「信念」和「情緒」會產生物理的行為，也就是行動和反應。「情緒」的英文是emotion，意指引發行動（motion）的能量（e-）。

人格的基本架構不會改變。我們就是在這樣的框架中，一邊不斷改變三元素的內容，一邊經歷各自的現實。

Q2 是。（笑）

巴夏 謝謝妳這麼坦白。那妳為什麼沒有感覺到富足呢？

Q2 因為我承受了很多限制。比如為企業做設計時，就必須把商品好不好賣納入考量，感覺壓力很大。

巴夏 聽說鑽石需要高壓才能形成，看來妳也正在承受壓力呢。（笑）

Q2 喔喔，原來如此。

巴夏 妳現在是不是也正在壓力之下，形成名為自我的鑽石呢？

妳可以用鑽石當成自我的象徵。鑽石具有自行承受吸收壓力的能力。等成為最終型態的鑽石後，接下來就算再次承受龐大的壓力，也能淡然處之。被壓縮到不能再壓縮的結果，就是不會再感受到壓力。

如果妳把這視為自我的象徵和比喻，就會出現以下的變化：在面對壓力時，妳能明確地感受到自己的核心。不論承受何種壓力，都不會受到影響。然後，妳也不會再為自己的人生製造壓力。

妳現在會感受到壓力，只是因為還沒坐穩自己的核心，也還沒讓自我這顆鑽石結晶化。

話說回來，妳喜歡珠寶設計這個工作嗎？

Q2 嗯，非常喜歡。

巴夏 妳有想過不為其他個人或公司設計，而是純粹為自己創作嗎？

Q2 我一直都想這麼做。

巴夏 妳是真的要去做，還是只停留在想的階段？

Q2 我目前正試著取得平衡，盡量以自己創作為前提。

巴夏 **妳根本不需要刻意取得平衡。當妳用自己想要的方式，做自己想做的事，自然就能達成平衡。**

我們說「請做最讓你興奮的事」，其實意思就包括「請用最讓你興奮的方式去做」。只要不是用興奮的方式去做，就不算是做興奮的事。在這種狀態下，妳是不可能取得平衡的。

重點整理

Q2 鑽石扮演什麼角色？

A 鑽石具有自行承受吸收壓力的能力。
在面對壓力時，若能明確地感受到自己的核心，
不論承受何種壓力，都不會受到影響。
而且也不會再為自己的人生製造壓力。

Q3 關於短暫生命的靈魂

Q3（女） 您的書中曾提到：「靈魂是同意後才會誕生。」另外也寫道：「像死胎等短暫的生命，就和早上在匆忙之中穿錯鞋子沒什麼兩樣。」

巴夏 沒錯，從某個層面來看確實如此。那些沒有肉體的存在也有做出貢獻。當然他們不一定要以這種形式來到這個維度，但有了實際的經驗後，不具

肉體的存在也能利用那些狀況，幫助自己成長。這樣妳有聽懂嗎？

Q3

有。另外關於墮胎，雖然形式和流產不同，但如果這個行為也有意義，我也想聽聽看。

巴夏

這樣啊。肉眼看不到的存在，也就是靈魂，會讓這種經驗在各方面發揮作用，產生助益。

不過在地球上有個意外的共通點，就是會利用這種狀況讓意識去關注順利誕生的靈魂，以及被墮胎的靈魂。這在各位的星球上很常見。會發生這種狀況，通常是因為你們創造孩子時未能和真正的自我合為一體，而引發失衡的狀態。

不過，就算發生這種狀況，也不必因此斷定自己是壞人。哪怕是自己主動決定墮胎，依然能從中得到正向的結果。而當事人也會了解到，如果想接觸自己的內心深處，其實不必透過這些經驗。要是有其他方式能接觸，就用不著那麼做。

如果能看出那些象徵性的行為或事件對自己有何意義，並發現那不符合自己的期望，下次就能做出改變。你可以透過其他方式，去領悟同樣的道理。

另外，那些以死胎的形式降生的孩子、肉眼看不到的存在，雖然會各自將短暫的生命用在各種地方，不過他們並未擁有你們所謂的個性。個性通常是在出生前夕，有時甚至要到誕生後才會逐漸成形。

至於在出生後三年內猝死的孩童，可能也是因為靈魂已在此生中學到該學的一切，認為沒必要再活下去，才會突然離世。三歲前肉體和靈魂的連結尚未穩固，所以這些靈魂能輕鬆地收拾行囊，前往下一段旅程。因此在我們的社會中，我們不會將三歲前的孩子視為正式的社會成員。要直到滿三歲時，我們才會為孩子慶祝生日。慶祝他們正式來到我們的社會。

我們社會的事等以後再談吧。不知道這樣有沒有解答妳的疑問？

Q3 有。那麼，母親和被墮胎的孩子也同意這件事發生嗎？

巴夏 當然。況且，就算以這種方式分開，也不代表以後就再也遇不到那個意識了。

重點整理

Q3　關於短暫生命的靈魂。

A　有了實際的經驗後，
不具肉體的存在也能利用那些狀況，幫助自己成長。

Q4　不知道該選擇追隨巴夏，還是著名的新興宗教領袖？

Q4（男）　我正在猶豫，不知道該選擇追隨您，還是著名的新興宗教領袖？

巴夏　我來提供第三個更好的選項吧。與其選擇那個人或我，不如試著選你自己吧。你覺得如何？

Q4　可是我還不了解自己。

巴夏　還不了解？是嗎？真的嗎？那你要什麼時候才會了解？（笑）
我不懂你說的「不了解自己」是什麼意思。

Q4 我是覺得，您和那位領袖都有非常優秀的地方。不然你這麼想好了。

巴夏 在每個當下都選擇自己覺得最好的部分，如何？

比方說，要是這一刻我說的話有打動你，你就選我。如果下一刻換成他的話讓你心動，你就選他。假如下下一刻是完全無關的第三者讓你深感認同，你也可以選這個人。

關鍵就在於，**你要知道每個當下做選擇的，都是你自己**。

決定現在是選這個人還是那個人的，也是你自己。

這就是我所謂的**「選擇自己」**。

你也能透過這種練習，知道「我比其他人都更清楚，到底什麼才是對自己最好的」。

我說的一切都只是提議。要如何運用才最適合自己，也是取決於你。

請相信自己的感性，去感覺每個當下做什麼最快樂，對什麼最興奮。

你要運用經過統合的觀點，去選擇讓自己興奮的事物。

這樣你明白嗎？

Q4 您的意思是，如果我採用圓融的思維，負面的部分就會變正面嗎？

巴夏

這的確適用於一切事物。

不過就算如此，也不一定非得發生負面事件不可。

就算一切都會轉為正面，也沒必要維持負面的方式，更不代表當別人懷著負面的企圖做事時，你只要忽視對方的惡意，正面看待就好。

我想表達的意思是，**你們每個人都是自己的現實**。

不管別人是什麼用意，只要你為個人現實中發生的每件事賦予正面意義，接下來就不會受到負面影響。

也就是說，這關乎你個人會受到什麼影響。

舉例來說，就算有人懷著負面的意圖要陷害你，如果你只看到正面的部分，最終也只會受到正面的影響。

當你面帶微笑，容光煥發地走出那個困境時，將會成為讓對方也明白「與其選擇負面，不如選擇正面」的典範。

信念／belief

英文「belief」同時具有正面和負面兩種意義。「信念」是人格三大要素的核心。每個人經歷的一切現實，分分秒秒皆來自於「信念」。

「現實是一面鏡子」——巴夏曾以鏡為例，如此說明現實的機制。所謂的現實，就是能反映內心最堅定信念的明鏡。這面鏡子完全依循「給什麼就得什麼」的宇宙法則，不會映出任何多餘的事物。現實是由自己擁有的意識振動，也就是信念和思維所形成。

換言之，就算我們經歷非自己所願的現實，也只要從自己的信念中找出對應的部分，進行替換，就能創造出符合喜好的現實。

若想找出信念，首先要檢視該信念創造的現實，並且自問：「我會遇上這個現實、這種狀況，是因為心中有什麼信念？」此外，由於內心湧現的情緒都源自於信念，所以你也可以細想：「我會感受到這種情緒，是因為心中有什麼信念？」又或者，你也可以試著留意自己無意間說出的話、冒出的念頭。如果你認為「要找出信念進行替換，不可能那麼簡單」，這就是你抱持的信念。

找到信念後，又該怎麼做呢？信念一旦被找到，就會馬上失效，轉為中立。因此巴夏才說，只要察覺自己有什麼信念就好。因為當你察覺時，就代表你已經脫離那個信念，不再深陷其中了。

為什麼替換信念感覺上好像很困難？要怎麼做才能打消那個感覺？過去巴夏也解釋過，從上述的例子可以看出，這其實是負面信念對我們設下的陷阱。巴夏說，如果人類想找出和替換負面信念，提高振動頻率，「關鍵就在於了解信念的架構和負面信念的性質，以及知道負面信念會設下陷阱」。

「負面信念會讓你們萌生欺騙的念頭，這是為了讓你保持這些信念。負面信念會誘導你不自覺地踏入陷阱，以為那些不合邏輯的荒謬主張是正確的。」

我要再強調一次。

無論是什麼事件，只要賦予正面的定義，就能從中得到正面的影響。反過來說，如果賦予負面定義，就要承受負面影響。

物理現實的一切都是以比喻和象徵的形式呈現，在各位的個人現實中，這些象徵代表什麼含意，完全取決於你們自己。

是你們個人的選擇，決定自己會受到的影響。

重點整理

Q4 不知道該選擇追隨巴夏，還是著名的新興宗教領袖？

A 何不試著選擇自己呢？

在每個當下都選擇自己覺得最好的部分，如何？

你要知道每個當下做選擇的，都是你自己。

這就是所謂的「選擇自己」。

Q5 請教關於造物主、救世主、自己和宗教的問題

Q5（男）　請問造物主、救世主和身為地球人的自己是什麼關係呢？據說有些宗教人士能看到過去世，而且以救世主的身分降臨在世上。

巴夏　**你們內在都具備基督的意識和佛陀的資質（佛性）。**

在「創造」之中，每個人都是神之子。你們稱為「神」的存在，我們稱作「偉大的一切」。我們的文明很少用到「救世主」一詞，因為你們本來就不需要救贖，況且也沒人能救贖他人。至於各位口中的「救世主」，可以說是「在全靈的集體意識中反映和呈現部分『創造』的人」。

起初宇宙先有「太一」，也可稱為「偉大的一切」。這個單一意識又分成許多細部、各種層級。在各種層級中，若有人達到能象徵地球全體意識的層級，你們就會稱之為「救世主」。

之後那個意識也會越分越細，分散為星球上每個人的意識。所以你前面提到的那三者（造物主、救世主、個人），對我們而言只是從這個巨大整體的一部分中分化出來的不同層級。

你們所謂的「救世主」，我們稱之為「世界性靈體」（Worldwide Spirit）。這個「世界性靈體」曾多次改變型態，出現在你們的世界中。其中有兩個型態，就是我剛才提到的基督和佛陀。不論在哪個文明、哪個世界，都有這種「世界性靈體」。在我們文明的古老語言中，這種存在被稱為「夏卡納」（Shakana）。夏卡納的能量等級，和你們的基督或佛陀非常類似。這樣有回答到你的問題嗎？

Q5 有。說到「救世主」這個概念，我自己認為就相當於「大我」（Greater Self）。

巴夏 喔，這麼說也可以。「大我」也就是高我，剛好就像迷你救世主一樣（笑）。「大我」（高我）剛好介於個人的「物質界意識」（physical consciousness，是指和高我相對的日常性意識：顯意識）與剛才提過的「世界性靈體」之間。因此，只要讓自己的波動配合高我，即使是個人也能和「世界性靈體」連結。

Q5 講到這裡，我以往的生活方式，都會牽扯上宗教問題。有宗教就會建立教團，最終都免不了走向聚集眾人，拉幫結黨的結果。

巴夏 請容我插句話。宗教是地球獨有的現象，非常特殊。在我們之前接觸過的文明中，都不曾看過有類似地球宗教的現象。幾乎所有文明都和「創造」有更直接的連結。不過在你們的星球上，也有幾種能更直接連結「創造」的方式就是了。

其實各位熟知的宗教體系算是相對新，大約六千年前才被引入地球。起初是其他星系將某種意識注入到你們的文明中，由於這意識非常壓抑封閉，連帶產生以往不曾有過、名為「組織」的型態。後來這種傾向將各種事物細分的想法，也從此進入你們的集體意識，導致你們徹底遺忘了自己和「創造」的連結。

高我為了再次找到這個連結，曾試圖對「物質界意識」進行潛移默化，但「物質界意識」卻猶如電線短路，無法正常運作。由於「物質界意識」已完全遺忘和「創造」的連結，導致你們只能透過名為宗教的儀式建立聯繫。剛開始，你們的確需要牧師等宗教人士的協助，畢竟鮮少有人能自行想起這種連結，宗教人士必須肩負起帶領和指導的責任，去引導其他人建立連結。然而，因為大多數人無法自行感知這種連結，就會把自己的力量託付給宗教人士。換句話說，你們選擇遵循訊息的傳遞者，而非訊息本身。

我們也是基於同樣的理由，才會選擇以通靈這種形式和你們的文明進行交流。我們之所以不現身，也是希望各位能明白，資訊本身比傳遞資訊的信使更重要。怎麼樣？現在你對宗教有比較明確的認識了嗎？

巴夏 Q5

有。關於這一點，我還有一個問題。目前我也有進行接觸，並且收到「要拆掉絕對不能動搖的框架」這個訊息。

目前在你們這個變革的時代，正好就發生這件事。物質和非物質世界間的障壁，意識和潛意識間的藩籬，正在逐漸崩解中。

誠如各位過去知道的，你們現在也正要想起自己就是「偉大的一切」的某個無限的面。各位所經歷的一切限制，全是你們自己創造的。

所以，各位可以隨心所欲地改變和溶解這些限制。

重點整理

Q5 **請教關於造物主、救世主、自己和宗教的問題。**

A 你們內在都具備基督的意識和佛陀的資質。

宗教是地球獨有的現象，非常特殊。有來自其他星系、非常壓抑的意識注入地球，因而產生以往不曾有過，名為「組織」的型態。

巴夏與我①

透過巴夏直達靈魂深處的能量，我擺脫長年的束縛，從事最想做的工作

山岡尚樹

◆相遇的契機

那是在二十幾年前，我剛踏入社會第一年的冬天。當時我隻身到東京工作，在社會浪潮的拍打下身心俱疲。後來我開始閱讀關於精神世界的書籍，參加自我成長類的課程。

某天，朋友問我：「你知道宇宙意識體巴夏嗎？」讓我有如醍醐灌頂，立刻直奔書店。買下店內最後一本《BASHAR》後，我就在回程的電車上迫不及待地翻閱起來。書中那些嶄新的觀點、明快有力的訊息，都深深吸引了我。我不但感受到振聾發聵般的衝擊，同時也被一股「這樣就好」的安心感包圍。

幾天後，我參加在東京舉辦的公開活動。第一次親身接觸巴夏強大又溫暖的能量時，喜悅的心情和「終於遇到真理」的釋懷感流貫全身。從那時開始，我的人生就發生了翻天覆地的變化。

◆對人生造成的最大衝擊

首先，是訊息蘊含的能量本身。那股能量強大又活躍，卻讓人感受到宇宙深邃的智慧。既像是穩重可靠的指揮官，又帶著一絲詼諧俏皮的感覺。光是接觸那股能量，就會萌生彷彿所有夢想都能實現的雀躍。即使只是聆聽錄音或閱讀書籍，心中都會湧上躍動的能量。這股擁有無限可能性的能量不是透過理智，而是直接進入靈魂。能量本身超越一切邏輯思考，讓我察覺到什麼才是重要的。這是我從未有過的感覺。

當時我最想了解的問題，就是「該如何活下去」。在此之前，我從自我啟發和宗教相關書籍中得到的答案，大多三句不離「人生的目的就是要日日精進，琢磨品格，提升靈性」。坦白說，我理智上雖能理解這些道理，但內心總是缺乏共鳴。

相較之下，巴夏的訊息就十分簡單和正面。例如「總之，從讓你興奮的事開始做就好」、「之後就會像拔地瓜般接踵而來」、「要百分之百活在當下」、「所有答案都在你的心中」、「興奮的感覺是最明顯的信號」等，都讓我頓時充滿勇氣。

不僅如此，當巴夏強調最重要的是時時刻刻都要忠於自我，過朝氣蓬勃的生活時，我不但能強烈地感受到「我可以活得更自由」，也同時擺脫了長年背負的束縛，一口氣甩開「自己這樣真的可以嗎」的煩惱。這正是我人生中最衝擊的經驗。

◆巴夏的思想對你人生的哪個層面造成影響，又提供了哪些幫助？

在過去這二十幾年間，巴夏的思想對我人生的每個層面幾乎都造成影響。每當我需要做重大決定時，都會先自問：「最讓我興奮的是什麼？」並以此作為判斷的標準。之前每次轉職時，我都選擇最令自己興奮的工作。哪怕受到挫折，我也會堅信「一切都會在最好的時機發生」，繼續往前邁進。託巴夏的福，讓我現在得以從事自己最想做的工作。

除了「興奮」外，我也經常在各種場合刻意使用巴夏常用的「聚焦」（Focus）、「波動」（Vibration）、「創造」等能量詞彙*。神奇的是，每當要進行重要的事，只要我說出或心中默唸這類詞彙，勇氣和活力就會不斷湧現，頭腦和身體也都變得神清氣爽。

＊能量詞彙：「聚焦」：集中意識的焦點；「波動」：萬物皆由波動組成；「創造」：無限的創造力。

此外，當我遇到瓶頸，需要支援時，靜心練習也總能幫上大忙。其中我特別喜歡的一個練習，就是「化為多維度水晶的某一面」。這個練習是想像自己化為飄浮在宇宙中的一塊水晶，全宇宙的星辰都匯聚於此，形成一塊巨大的主水晶，接著主水晶就在宇宙中無限擴散，而自己也存在於所有繁星之中。

進行這個練習時，我充分感覺到自己並非孤立的個體，而是與萬物緊密連結。做完練習後，現實會馬上出現變化，像是獲得想要的資訊，有人願意伸出援手，或是忽然靈光一閃，冒出連自己都吃驚的絕妙點子。我已經不知道因此受惠多少次了。

◆巴夏有什麼令你印象深刻的話語，或是值得推薦的觀點嗎？

我覺得最受用的有兩句話，一句是「誕生在這世界上的意義，就是要百分之百享受當下的每一刻」，另一句則是「給什麼就得什麼」。

這些話意味著人生沒有預定的意義，一切意義皆由自己決定。而我們賦予的意義，會創造出自己體驗到的世界。不論遭遇什麼災難，你都可以自主選擇現在和未來的走向。這才是真正的自由。

巴夏，能遇到你真是太好了。謝謝！我打從靈魂深處感謝你。

山岡尚樹（Yamaoka Naoki）

七田兒童學院右腦開發製作人，透過靜心練習、聲音和香氣開發人類新能力的專家，在全國各地舉辦腦力開發講座，著作包括《創造理想未來的意象氣功》（暫譯）、《音腦法》（SHINKO MUSIC ENTERTAINMENT出版）等。

●「實現夢想的想像之力！山岡尚樹的部落格」：http://ameblo.jp/yamaoka-naoki/

每個面都支撐著全體，
而全體也支撐著每個面。

巴夏與我②

四天的工作坊幫我擺脫異位性皮膚炎！聚焦於興奮的感覺，跟海豚和孩子們一同嬉戲

中山澄子

◆相遇的契機是什麼？

我在二十出頭時，深受過敏引發的異位性皮膚炎所苦。即使看遍中西醫，嘗試各種療法，病情仍不見起色。就在這時，有個剛認識的朋友建議我：「我看妳的病是身心失衡造成的，要不要看看《BASHAR》這本書呢？」

雖然聽得一頭霧水，我還是去書店找到這本書。正當我要開始看時，那位朋友又來問我：「妳想不想參加為期四天的巴夏工作坊？」我書還沒讀幾行，對通靈和靈性也一無所知，卻不知為何給出「我想參加」的回答。

那四天對我來說，可說是新生活的起點。工作坊進入第三天時，在我和巴夏及其他學員一起靜心的過程中，皮膚黏膜的分泌物竟莫名增多，症狀變嚴重。老實說，我當下已經頭昏腦脹，體力也快耗盡，甚至做好第四天可能缺席的最壞打算。

然而到了最後一天，當狀況極差的我好不容易抵達會場時，卻清楚地感覺到體內出

現某種變化。更神奇的是，我在會場內走著走著，那位邀我參加工作坊的女士竟跑來告訴我：「妳會遇到海豚哦。」「什麼？是真的嗎？」我喊道。與海豚相遇，就是巴夏給我的禮物。

在回家的路上，我發現原本紅腫的黏膜開始消腫，皮膚也乾燥不少，感覺輕鬆得不可思議。

這就是我與巴夏相遇的經過。

◆為人生帶來的最大衝擊是什麼？

我們不是單靠肉眼可見的部分生活。我們是永恆且完美的存在。現在發生在自己身上的一切，都是由自己創造的。沒有偶然，一切都是必然。以上這些觀點都對我的人生造成巨大的衝擊。

◆巴夏的思想對你人生的哪個層面造成影響，又提供了哪些幫助？

我無法將人生切割成不同層面，只能說這對我的人生產生根本性的影響。在遇到巴夏前，我總認為要實現自我就得拚命努力，刻苦耐勞，所以在面對工作和愛情時，我都選擇獨自硬撐，告訴自己：「失敗的人才會埋怨示弱，懶惰的人才會停下休息。」甚至以為要連討厭的事都概括承受，才能得到幸福。

直到從巴夏口中聽到「只要做讓自己興奮的事，就不需要努力硬撐」這句話，我才驚覺過去是多麼虐待、忽視自己，不禁心如刀割。到現在我仍清楚記得，當時自己就猶如卸下千斤重擔，心情無比輕鬆。從那次以後，我在生活中做每件事前，都會先問自己：「有感覺到興奮嗎？」

我目前從事推動育幼院院童（被虐待或遺棄的幼童）與野生海豚進行交流的公益活動。十五年前開始這項活動時，我也經常擔心「會有機構接受這種活動嗎？」、「我沒有任何證照，他們會放心把孩子交給我嗎？」、「話說回來，讓那些孩子和海豚見面真的有意義嗎？」問題可說多到數不清。不過，自從一九九一年開始在夏威夷島、巴哈馬海域、御藏島等地和野生海豚一起游泳後，我深切感受到大自然無條件的接納與關愛。我們並不孤單，萬物都是息息相關。更重要的是，接觸海豚真的是非常快樂又興奮的體驗。「既然如此，我就相信巴夏的話，聚焦在興奮的心情上看看！」一旦這麼轉念後，原本讓我如此苦惱的問題，似乎也都顯得微不足道了。

◆巴夏有什麼令你印象深刻的話語，或是值得推薦的觀點嗎？

我只是單純覺得巴夏對每件事都有答案，真的很厲害。無論內容多難，他心中都自有一套答案。雖然巴夏總說：「我只是反映你們心中已存在的答案。」但小至個人煩惱，大到星系演化，每個問題他都能應答如流，實在教人佩服。

而且，巴夏傳遞的訊息非常簡單易懂，人人都能立即實踐，也是我很喜歡的一點。

另外，我也希望大家能閱讀關於海豚和鯨魚的部分。對我來說，海豚和鯨魚雖然平易近人，卻是非常高貴的存在，能透過遊玩引導我們。巴夏曾說，地球上有兩個外來文明，陸地上是人類，海洋中是海豚。他還建議我們和海豚建立關係。我認為對人類來說，認識到海中存在和人類相同的生命體，並且對所有生物抱持敬意，真的是一件非常重要的事。

中山澄子（Nakayama Sumiko）

生於愛知縣名古屋市。藝術治療師、全動物關懷諮詢師。十五年前開始從事心理志工，持續舉辦招待育幼院院童到東京御藏島與野生海豚互動的活動。身兼非營利組織 CROP-MINORI 負責人。

● http://www.cropminori.com

日復一日，我們和你們一起在夢中游泳。
打開記憶之門，
在這夢幻的現實世界一起游泳嬉戲吧。
我們是你們住在海中的手足，
你們是我們住在陸上的手足。
請用心靈感受我們對你們的愛。

CHAPTER 2

療癒世界

療癒就是提升波動

大家好。

首先，謝謝各位今天願意透過這種形式和我交流。

很高興能以這種方式，與各位一同擴展宇宙。

今天的主題是「療癒世界」。當然在療癒世界前，必須先療癒自己。就算各位心中只有微小的變化，也必定會為你們整個星球的意識帶來某種影響。所以療癒自己和療癒世界，其實是同一件事。因此，我會先談每個人要如何療癒自己，再來說如何療癒世界。

那麼，療癒（Healing）究竟是什麼呢？一開始，我想先說明各位該透過什麼來療癒自己。

說到「療癒」，你們往往有「是因為生病才需要療癒」的信念。所謂的疾病，是指自己不是處於安心和放鬆的狀態（順帶一提，疾病的英文是disease，由表示「安心、放鬆」的ease，加上否定前綴dis所組成）。

一切疾病的根源，都是因為抗拒原本的自己，自然的自己。當你抗拒自己，就會產生摩擦，而這種摩擦會引發疾病。

如果你沒活出真正的自我，抗拒真正的自己，波動頻率會變得非常低。

另一方面，當你想像自己追求的理想樣貌時，那個想像本身的頻率會比現在的你要高得多。

這樣一來，你現在的波動和理想形象的波動會產生落差，發生摩擦。落差越大，摩擦越大；落差越小，摩擦也越小。

所謂的療癒，就是讓現在的自己和取得平衡的真正自我之間的差距縮小，使兩者達成一致。

所有疾病都起因於你們降低自己的頻率，偏離真正自我的波動。

所以**療癒的本質，就是以真正自我的波動**（頻率）**為目標，去提升自己目前的波動。**

療癒自己

方法①：將興奮付諸行動、歡笑

相信各位已聽我說過很多次，**所謂真正的自我，就是時時刻刻將最感到興奮的事付諸行動的自己。**

因此，過著追求夢想、充滿興奮的生活，對於取得平衡和療癒自己有很大的幫助。

只要做自己真正想做的事，歡笑就會源源不絕。

當你們帶著笑容樂在其中時，就會不斷去做自己真正想做的事。

所以才會有「笑容有療癒的力量」這種說法。

笑能提升你們的波動。

笑可以為各位帶來自信。有了自信，就能更輕鬆地展露笑容。

同類的事物全都連結在一起，只要你允許自己表現其中一項，其他也會更容易到來。

常有人說：「我沒自信去做真正令自己興奮的事。」

但只要知道無論是露出笑容、擁抱自信、感到興奮，還是把最令自己興奮的事付諸行動，其實全都環環相扣，你就能從各種不同角度去實行。

因此，要是你沒自信將最興奮的事付諸行動，可以先從最簡單的行為開始嘗試。比如，盡量笑一笑。

另外，如果你們對於做最感到興奮的事缺乏信心，**就先別管有沒有信心，做做看再說**。

一旦你展開行動，就會創造正面的現實，產生自信，開啟未來的道路。

方法②：靜心

將自己帶往更高頻率的方法很多。

靜心是一種非常強大的方法，能幫助維持平衡，也有療癒的作用。具有回歸自我核心的力量。

宇宙並非以50％負面、50％正面的比例組成，而是稍微偏正面一點。

如果打個比方，大概是50.1%正面，49.9%負面的感覺。至於這0.1%從何而來，則是來自正面和負面界線上的中立部分，也就是取得平衡的那一點。

從客觀角度來看，那部分看似中立，既非正面也非負面，但其實正中央部分是稍微偏正面的。這是因為在正中央的中立部分，你們是有意識地做選擇。而做選擇這件事本身，就比較偏正面一點。

所以，當各位感覺自己處於負面那一邊時，其實不必滿50%才能進入正面那一邊，只要達到49.9%就可以。

透過靜心等方式讓自己平靜下來，就能到達49.9%的位置。到那裡後便只差一點了，所以你們大可以自行往療癒自我的方向前進。

當然現在我只是舉例，並不代表49.9就是正確的數字。所以，請勿拿計算機來計算宇宙是否真的是49.9%負面。（笑）

靜心有很多效果。靜心時，通常會先決定「我要針對這件事靜心」，但等到實際坐下來閉上眼睛後，你會發現很多以前從未想過的事，也都開始取得平衡。

正面、負面／positive, negative

在語言文字中，positive是「正面的」，negative則是「負面的」，因此在大眾的印象中，常認為positive（正面的）等於「好」，negative（負面的）等於「壞」，但巴夏強調並非如此。「你們要切記，當我使用『正面』和『負面』時，並不是代表好壞或對錯。」「一切都是能量，沒有善惡之分，就是當成一種動力在使用。」

那麼，正面和負面又各是什麼樣的能量呢？

正面能量是本質為統合的能量，具備強大的連結性，會將創造之力合而為一，有調和的性質。此外，這也是能以等比級數急速增加和擴大的力量。從人類的角度來看，這能量能讓我們和真實的自己互相連結。以喜悅為基礎。

至於負面能量，是本質為分離的能量，可以讓每個事物分散開來，各自孤立。會排除力量，產生讓分離加劇的負面能量。無法調和，無法讓人連結真實的自我。以恐懼為基礎。

正面是統合，負面是分離。力量分離會變弱，統合則變強。所以，若要和一千個負面的人達成平衡，只要十個正面的人共同合作就好。

正面能量會像這樣持續增長，在二〇一二年超越一個界線。雖然人類不可能因此全部變正面，但正面能量的強度依然能達到足夠的等級，所以後來正面能量導致正面事物出現的速度會越來越快。

我們在日常生活中會如何體驗正面和負面能量，完全取決於自己的選擇。

就算覺得是負面，只要用「賦予正面意義，必能得到正面結果」的態度做選擇，便能體驗到符合預想的現實——畢竟「給什麼就得什麼」。第一章沒趕上電車的比喻，就是一個淺顯易懂的例子。

就算起初只是為了解決特定的負面問題，有時也會讓其他負面狀況自動開始好轉。

比如「我身上有二百五十九個負面問題，所以必須各別進行二百五十九種靜心」的想法，就非常沒必要。

透過靜心，你們會進入非常平衡的狀態，各種事物也會被統合起來。因此，就算不刻意去做，還是能接觸到所有事物。這一點非常重要。

因為存在於你們現實中的負面事物，其實大部分都是由潛意識中的信念所創造的。

透過靜心放鬆身心，審視自我，是能找出自己心中有什麼信念的方法之一，而且效果非常強大。

至於適合自己的靜心方式及最好的方法，你們的想像力會告訴自己。

靜心當然有一套基本做法，不過在實際進行後，你們的想像力會更了解什麼方法才適合自己。總之，請放心交給想像力就好。

對某人有效的靜心法，對別人不一定能發揮完全相同的效果。有人只要輕鬆地坐在安靜的地方，閉上眼睛，內在就會開始恢復平衡。也有人覺得寫作、畫畫或吟唱優美的歌曲，才是最適合自己的靜心法。

方法③：瑜伽式呼吸

不過，學習呼吸法倒是對很多人都有效。

瑜伽式呼吸法是一種能療癒自我，幫自己取得平衡的強大方法。

（巴夏示範深呼吸，發出聲音）

這和靈媒達瑞爾的呼吸法非常類似。用這種方式呼吸時，身體的中軸線會開啟。

你們的體內存在多個核心，像脈輪*一樣排成一直線。

在通靈時，靈媒體內通常會產生療癒效果，因為他們處於平衡的狀態。

當你們做喜歡的事情時，就是一種通靈。

所以內在這時候會取得平衡，療癒自己。尤其是作為療癒根基的情感部分，更容易達成平衡。這時你們對自己的感受方式會改變，也能在人生的各種環節中感受什麼對自己才是最好的。

---

* 脈輪：梵語的意思是「車輪、圓圈」，為掌管人類生命、身體和精神運作的人體能量中心。主要的「七大脈輪」垂直排列在脊椎上，負責連結肉體和靈魂。

方法④：順應自然的生理節奏

當感情取得平衡後，要傾聽自己肉體的意識也會更容易，比如進食的時間和內容、呼吸方式、就寢時間等。你們可以自然而然地從身體得知這類訊息，身體會開始對你說話。

在各位的社會中，你們會花費漫長時間進行嚴格訓練，就為了讓自己變正常。但療癒並不是為了變正常。所謂的療癒，是用來變自然的方法。

對某人來說自然的事，對別人來說不見得如此。當然在某個程度上，也有普世共通的自然。但在各位的社會中，這些共通的自然總會不知不覺變成共通的「正常」。療癒會在那些正常變自然時產生。

舉個例子，你們都有所謂的工作，對吧？

你們從早上九點或十點開始工作，一直做到下午五、六點，有時甚至更晚。為了隔天能在該起床的時間起床，順利展開一天的行程，你們會努力確保晚上有數小時的睡眠。

你們會說：「從早上九點工作到下午五點，晚上睡七、八小時，是很正常的生活方式啊。」

然而，這並非自然的生活方式。你們自然的生理節奏，其實和這種作息不太一樣。

只要你們開始留心，就會發現**自己創造力最豐沛、意識最清楚的時間，其實是落在凌晨兩點到四點，也就是大多數人都還在熟睡的時段**。而**在自然的生理節奏中，你們能量最低迷的時段，則是下午兩點到四點**。

但大多數人在這個時段，都在強迫自己努力工作。

有些地區了解這種自然的生理節奏，並實際融入當地文化中。這些地區的人會在下午兩點到四點間安排「午睡」（siesta）時間。也有很多人知道，自己的眼睛在半夜會特別清亮靈活。

所以你們的社會今後可能會調整，讓作息更貼近自然的生理節奏。

至於這一點為何令人震驚，是有理由的。

這是因為大多數人都不遵循這種自然節奏。他們會辯解：「這樣太浪費時間了，那種自然的做法根本行不通。現代的效率高多了，要這樣生產力才會提升。」

但實際上，反其道而行才是正確的。比起強迫自己工作，順應自然的生理節奏反而更能縮短休息時間。現在之所以需要長時間休息，是因為你們違背自然，逼自己苦撐。

如果你們能順著自己的自然節奏生活，大概只要睡兩到四個小時就夠了。有人甚至只需要十到三十分鐘的小睡，就能得到充分的休息。

當然我也不是要你們把剩下的大量時間都投入單一工作。

總之，只要能依循自然的能量節奏工作，生產力會比現在高多了。

除了保持平衡，將讓你興奮的事物付諸行動外，像這樣**依照自然的生理節奏做事，也是一種療癒**。

有休假等空檔時，不妨嘗試看看。

試著按照我剛才說的自然節奏去過一天，觀察自己是不是比平時更精力充沛。

方法⑤：稍微改變飲食習慣

當你開始實行自然的節奏時，稍微調整飲食習慣能讓過程更容易。

與其一天吃兩三頓大餐，分成五、六次或七次少量多餐更有益健康。

一次性地大量進食，需要大量能量去消化。如果能按照為引擎加油的方式，只在每次需要時補充必要的燃料，效率會更高。

每隔約三小時少量飲食，不但更有益健康，也更容易保持穩定的能量。

或許有人會說：「這對我來說太難了。」

遇到困難時，可以進行微調，以符合自己自然的部分。但如果還是覺得窒礙難行，不妨先停下來想一想。

你是不是因為太習慣違反自然的狀態，慣性作祟，才會難以回到自然的狀態？打個比方，就是以往的習慣在腦中形成溝壑，讓你處於順著走很輕鬆，要改走別條路卻困難重重的狀態。

當你們想調整飲食和睡眠節奏時，與其一點一滴慢慢改，不如一鼓作氣徹底改變。只要這樣持續一段時間，實行起來就會更容易。

當然難度還是會因人而異，不過我有個最簡單的方法，就是斷食一至三天。斷食期間可以喝少量液體，這麼做可以**淨化體內**，讓自己感到活力充沛。之後，你就能更快培養出更自然的生理節奏。

以上是我的幾個建議。不過也不一定要完全照做就是了。

接下來，我們要進行一段靜心。

各位可以透過靜心恢復內在的平衡，治療每個需要療癒的地方。

瑜伽式呼吸法／yogic style breathing

在本章的自我療癒法中，巴夏曾推薦瑜伽式呼吸法，強調這對於取得平衡、回歸自我核心的功效非常強大。

實際做深呼吸時，常有人說「跟達瑞爾的呼吸方式很類似」。的確，連結巴夏時的達瑞爾．安卡發出的呼吸聲，就和電影《星際大戰》的黑武士一樣響亮。這種呼吸會發出海浪般的聲音，而且不單從鼻子吸氣，連喉嚨後側也是打開的。當有人問巴夏是如何發出如此魄力十足的聲音時，巴夏做了以下的說明，剛好也能作為瑜伽式呼吸法的運用參考。

「首先，身體挺直，讓能量在體內流動。另外，讓背脊和脈輪達成調和非常重要。這樣能吸入更多氧氣，使身體保持筆直狀態，增強能量。身體就好比中空的管子，資訊和能量在體內流動。聲音不是發出來的，而是能量在體內流貫的自然聲響（中略）。使用這種呼吸法，可以增強能量。」

過去巴夏也曾說：「請將身體挺直，筆直地吸入空氣，讓空氣沿著體內的空洞上下流動，產生共鳴。每次呼吸都要使空氣共鳴。呼吸時，不是從前面吸氣，而是以由後往前的方式吸入。」

然而，說到瑜伽式呼吸法，應該有很多人已經察覺到，呼吸並非只是吸入空氣，而是要吸收大氣中的「普拉納」（prāṇa），意思是「氣」，也就是宇宙能量。這相當於巴夏提過的「如藍白色電磁波的能量」。在講到要如何應對花粉症時，巴夏也說過：「你可以練習瑜伽式呼吸法看看。（中略）當你開始進行回歸自我核心的呼吸時，周圍會形成藍白色的電磁能量場，將你包覆起來。此外，你可以讓那股能量流貫體內，就會感覺到體內正逐漸淨化。」

以色彩的能量取得平衡

現在，請慢慢閉上眼睛。
深深吸氣……，
吐氣。
做三次深呼吸。
感覺自己順著某道水流，開始流動。
讓自己漸漸放鬆。
接下來，你們會在想像中看到以下畫面。

◆紅

想像一種紅色，有著深邃又豐沛的波動。
紅色的能量，紅色的光。
那股紅色能量化為暖流，浸潤你的全身。

紅色能量從腳底不斷湧入，一路往上竄升。
你能感覺到那股能量溫暖著自己。
你能感覺到腳趾到小腿的部分正逐漸放鬆。
紅色的波動從腳趾往上升，一路暖到膝蓋。
紅色波動從膝蓋繼續上升，讓大腿的肌肉和骨骼感到溫暖、放鬆。

紅色波動又繼續上升，讓你的臀部，肚臍以下的腰部，都充滿那道紅光。
你能感覺到所有肌肉，所有骨骼，以及所有內臟，都在紅光中放鬆下來。

這股溫暖和緩的紅色能量繼續上升，到達肺部、胸口，讓這部分的肌肉、骨骼、肋骨也放鬆下來。

接著，從指尖到肩膀，從細小的肌肉到粗大的骨骼，都逐漸充滿紅光，鬆弛下來。
你感覺自己的手輕輕地放在大腿上。
紅色的暖流從上臂開始，蔓延到手肘、肩膀。

紅色的光上升到胸口，再上升到肩膀。
後面也有紅光沿著背部，上升到肩膀。
請放鬆肩膀。

紅色的能量逐漸充滿頸部。
那種溫暖又放鬆的感覺，開始浸潤頸部的肌肉及喉嚨之中。

能量開始進入頭部，再擴散至整個臉部。

放鬆下顎。
放鬆嘴唇。
放鬆舌頭。
放鬆眼球。
連臉部的皮膚、頭部的皮膚、耳部的皮膚，也要一起放鬆。

現在，這股紅色能量有如紅色火焰，自頭頂竄出。
此刻你的全身被溫暖和舒緩的感覺包圍，被靜心和放鬆的紅色火焰包圍。

請一邊觀看或感受紅光從雙腳經過體內，穿出頭頂的過程，一邊看著以下的變化出現。

現在，請深呼吸。

深深吸氣，吐氣。

◆綠

光再次從下方升起，不過這次顏色由紅轉綠。

綠色的能量在你的體內上升。

這股綠色能量非常清新沁涼，彷彿能讓萬事萬物變得更清晰明朗。

你感覺自己的理性和思緒放鬆下來。

越來越鬆弛，越來越和緩。

心中的一切恐懼，一切懷疑，一切信念都開始鬆動，分解為能量，與其他事物融合。

你感覺心情非常祥和、平穩，整個人十分輕鬆。

現在，再做一次深呼吸。

吸氣……，

吐氣。

◆**藍**

從雙腳上升的光，這次由綠轉為藍。

變色的能量從腳部上升，通過體內，從頭頂貫穿出去。

你的肉體依然放鬆。

理智的部分也依然放鬆。

現在連靈魂的部分也放鬆下來。

你就像漫步於山間的溪流邊，感覺非常清晰鮮明，又舒適自在。

你會同時有這兩種感覺。

◆透明

在體內上升的色光，此刻變得如純粹的清水般透明。
你看到自己的身體也變透明。
透明得彷彿溪流的潺潺水聲，如此清新、沁涼，如此澄澈、剔透。

你走在表面光滑的閃耀礫石之間。
感覺彷彿肥皂泡破裂，萬籟湧入耳中。
你現在和自然融為一體。
你就是自然。
此刻你正透過自身存在的核心，去感受這片自然。
請享受這片刻寧靜。
請聆聽這淙淙水流。

你現在正處於非常開放，非常放鬆的狀態。
此刻在你的內心深處，充滿想取得平衡，獲得療癒的渴望。
這是更自然、更放鬆的你。

請深吸一口氣……，
再慢慢吐氣。

睜開眼睛，再做一次深呼吸。

舉起雙手，伸展一下身體。
請盡量往上伸……，
然後暫時保持這個姿勢。

好，請放鬆下來。

有感覺到內心是多麼充滿愛與喜悅嗎？
有感覺到內心是多麼平靜、穩定與和諧嗎？
有感覺到內心是多麼富有歡笑和創造力嗎？
這一切都是你。
最自然的你，就是取得平衡的你。

是最健康的你。

療癒就是允許

當你覺得自己不健康，是因為內心抱持對疾病的信念。如果身體保持平衡，甚至連「我要變健康」的想法都不會出現。

所以，其實你不需要被人療癒，也不需要療癒別人。

你真正需要做的，是先回歸自己的核心。

但這不代表你就得拚了命回歸核心才行。

所謂的核心，就是你真正所在的部分。

你唯一需要做的，就是允許自己保持原本的自我。

療癒，就是允許。

療癒是由允許所產生。

淨化身體／purification of your physical body

攝取越多加工食品、藥物或化學物質，身體就越難吸收自然的養分，體內的毒素也會跟著增加。負面的信念和想法也會累積毒素，降低免疫力，引發各種疾病和症狀。

只要我們淨化身體，排出毒素，約八到九成的病症就會自然消失。所以巴夏才說，透過只飲用淨化過的水和果汁的斷食法、善用有機栽培的香草調味等方式，為肝、腎及腸道進行排毒，是非常重要的事。運用靜心、呼吸法等有效方式定期排毒淨化身體，就能讓自己充滿能量，提高身體的自癒力。除此之外，流汗也是值得推薦的排毒法之一。

當我們想過「最讓自己興奮的生活」時，淨化身體也會帶來很大的幫助。因為身體若排出越多毒素，淨化得越徹底，我們就會越敏感，越能察覺什麼是讓自己喜悅的波動。一旦肉體完成淨化，和自己原本的波動互相調和時，我們就能更輕易看出什麼是真正的興奮，什麼是虛假的心動。

透過新鮮空氣的波動、清澈純水的波動、淨化過的純淨食物的波動、沒有壓力時感覺到的創造性波動等，我們能更敏銳地感應到自己的熱情和興奮的波動，也能更迅速地展開行動。「當這種狀態的你處於熱情的波動時，直覺會泉湧而出，腦內也會浮現大量提示，引導你使用以前不曾想到的形式，將熱情化為行動，表現出來。」

主動干預、逼迫或嘗試，是無法產生療癒的。

若想得到療癒，就要無為無求，允許其自然產生。

各位一路走來總是在努力偏離自己的核心。

但要回歸核心根本不需要努力。

只要你允許自己回歸，自然就會回歸。

請將自己抱持的期待和抗拒慢慢鬆開，就能自動又順暢地回歸自我的核心。

請允許這件事發生。

剛才的靜心法，各位可以隨時隨地，想用就用。
你們閃耀又富有創意的想像力，能創造出反映自身獨特性的變化。無論想像力要帶你去哪裡，都放心交給它就好。請相信想像力的帶領。
請不要抗拒自然的自己。
只要相信就好。
因為那就是你。

療癒他人

當療癒者意味著什麼？

關於療癒，請先了解我接下來要說的內容。
療癒者有許多不同的類型，想當的人也不少。
所以要清楚了解當療癒者意味著什麼。

就算成為療癒者，也不代表能直接療癒別人。

所謂的療癒者，是指能創造特定能量場的人。無論是透過想像，還是利用其他方式，療癒者都能創造出那種能量場。那是由「想幫助別人」的願望和意念所產生的自然能量場。

因此，若要讓能量場成為平衡的波動，療癒者就必須先保持自身的平衡。

當有人被身為療癒者的你吸引過來，向你尋求協助時，其實是因為你發出某種特定的波動。也就是說，你的能量場散發的波動，就等於是給對方的邀請函。對方能將自己的能量，調整到和你的波動頻率一致。

雖然調整的步調和時機因人而異，但對方遲早會調成和你一致的波動，然後**開始用自身創造的波動療癒自己**。

這就是所有療癒的共通機制。

無論是立即生效，還是需要長時間才能見效的類型，都是同樣的道理。然後，對方會改變內部信念的波動，幫助自己療癒自己。

療癒者就是這樣的角色。

凡是想當療癒者的人、想服務和奉獻別人的人、想和別人互相理解的人，最重要的就是讓對方收到你們取得平衡的波動。

如果你對成為療癒者感到興奮，就要知道那些來找你的，都是你能幫助的人——因為他們都是被你的波動吸引來的。

當然那些人不一定會依照你的想法改變，但你還是要知道，他們會被吸引來是有原因的。所以他們在接觸你的過程中，必然會有某種收穫。

不過，就算你對療癒感到興奮，只要對自己援助別人的能力抱持懷疑，就會在自己的能量場中創造負面的波動。這樣當然無法幫助他們，認為自己可能無法幫助別人的「預言」也會成真*。

如果你真的對成為療癒者感到興奮，就要放輕鬆，相信自己的波動能以某種形式療癒對方。

總之，你的首要之務就是保持自身的平衡。這樣你才能幫助別人。

這就是療癒世界的第一步。

先讓自己成為取得平衡、受過療癒的健康存在。

這樣一來，周圍的人也會把你視為楷模，用「有為者亦若是」的信念來療癒自己。

只要有意願，先開始再說

硬幣有正面，也有反面。

如果對成為療癒者感到興奮，是不是必須在開始前先解決自己內在的所有問題，成為徹底痊癒的存在呢？當然不必。

療癒至少得出於自身的關愛、興奮的心情，以及奉獻的行為。

然而，要是你認為自己必須先解決所有問題、徹底痊癒後才能開始，很可能會永遠無法開始。

當你的內在波動中已有「想幫助對方」的正面意念時，就可以開始了。

只要和被吸引來的人們進行交流，你也能同時得到療癒。

就算一開始缺乏自信，只要內心有這個意念，就要將那份意念和興奮的心情付

＊「預言」成真：自己的現實，是由自己的信念、偏見、思維所創造的。因此，當我們懷疑自己「根本無法療癒別人」時，這種想法就會散發波動，形成這樣的現實，讓「預言」成真。

諸行動。
這樣一來，這些交流的經驗就能轉化為你內心殘留的問題，為你帶來自信和力量。
所以，只要你對「與人分享」或「療癒別人」感到興奮，就不要猶豫，先開始再說。畢竟方法很多，不只一種。
你可以成為直接的療癒者，例如醫師或身體工作者；也可以成為運用能量的療癒者，或是某個領域的老師。不然像我們現在這樣分享資訊，讓對方自行運用，也是不錯的方式。
將擁有的知識和資訊分享給需要的人，也是療癒的形式之一。
請再次回想療癒的定義。
所謂的療癒，就是「允許自己提高頻率，接近原本的自我」。
不論形式為何，凡是能達成這一點的人，都是療癒者。
即使只在山中的小溪旁靜靜佇立，也是療癒。
與孩子一同歡笑，也是療癒。
請善用自己的想像力。

療癒世界

創造具有療癒波動的事物

我們也可以把這種思維擴展至全世界。

在你們的星球上，其實已經有各種療癒的方法。

當我們從世界的角度來思考療癒時，就會和我之前提過的和平與調和有關。

當你們創造出象徵和平與調和的事物，在地球上持續使用時，地球就會以間接的方式朝和平與調和的方向邁進。

目前在地球上已經有個名為「和平柱計畫」（Peace Pole Project）的例子，就用到了我剛才提過的方法。相信有很多人應該都聽過這個計畫吧。

這點子雖然簡單，卻非常有效。

發起人在木樁上用各種語言刻下「願全世界的人類都能和平共處」，然後將木樁插在世界各地的土地上，當成宣傳和平的廣告或天線。這些和平柱光是立在那裡，就能發揮作用。因為凡是看到的人，都會被柱子喚醒和平的波動。

此外，藝術也能透過各種方式達成同樣的效果。

其中一個方法，就是創作象徵和平、調和、健康的作品，再將作品以自由開放的形式散播到世界各地。

如果療癒與和平的紀念碑等裝置藝術遍布世界，或許你們就無暇發動戰爭了。

此外，如果以療癒和平衡的能量興建建築物或大樓，這種波動也會影響在裡面居住和工作的人。

在各位的星球上，這個道理也是自古以來就廣為人知。即使到現在，仍有許多藝術家和建築師深知黃金比例（Golden Ratio）的奧妙。

黃金比例是一種特殊比例，蘊含能自動保持平衡的波動。只要在各種事物中加入這種比例，都會成為能產生療癒及平衡波動的自然型態。

各位的星球可以讓你們活在真正的藝術中。

因為這些藝術早已存在於各位的心中。

你們只需要將藝術釋放出來，進行療癒就好。

黃金比例／golden ratio

這是號稱最優美的比例，近似值為1:1.618，五芒星就是典型的例子。呈現黃金比例的多面體、螺旋等形狀，在幾何學中常是討論的主題。這不僅具有數學的整合性，也是美學的標準之一，至今仍廣泛應用在各種藝術創作上。從帕德嫩神廟等歷史古蹟到現代建築，或是無數雕刻和繪畫作品中，都存在許多黃金比例。

其實，只要仔細觀察大自然，便會發現自然界中原本就有許多兼具功能性和協調性，又充滿美感的黃金比例，比如伸展枝葉的方式有利於吸收陽光的植物，能維持類似形狀不斷成長的螺旋型螺殼等。

在本章中，巴夏曾說：「這是能讓波動自然保持均衡的比例。」當他說明可蒐集自由的高維度能量的共鳴裝置「導波管」時，也提到黃金比例在這裡發揮了強大的力量。

以黃金比例的直徑和長度製造共鳴裝置（管、房間或空洞），再加入微量電能，就會產生特定頻率的波動。這是可以開啟更高頻率的鑰匙，如音叉般製造和諧的共鳴。之後，更高頻的波動產生的共鳴會增強能量，不斷流入管中。

此外，巴夏也曾在其他地方解釋，用來從虛空中吸引能量的共鳴室，是由適當材料按照黃金比例建造而成。「這個共鳴用的小房間，也算是某種碎型天線（fractal antenna），必須採用1:1.618的黃金比例才行。」順帶一提，這種吸收高維度能量的結構，竟然跟巴夏他們的太空船中樞如出一轍，真是耐人尋味。

溝通也是療癒

請把這樣的想法分享給周圍的人。請懷著自信，大膽地告訴每個人。

因為溝通也是一種療癒。

你們要敞開心胸，以坦誠、直率、真摯的態度進行溝通。

無論處在什麼樣的人際關係中，都要展現真正的自我，而不是硬要裝成「就該這樣」的人。只要這樣，人與人之間就不會產生對立和鬥爭，建立療癒及平衡的關係。

請試著在政治、經濟等社會的層面上展開溝通。

你們和政府並非互不相干。因為你們就是政府。

你們和經濟組織並非互不相干。因為你們就是經濟組織。

所以，請改變這些機構，轉換成更療癒的能量。請將這些機構轉換成對社會有益的型態。

不要強迫社會只為社會本身奉獻，而是以充滿愛、興奮和喜悅的心情去創造。

只要懷抱這樣的動機，具體的細節也會自然浮現。

在這種動機下創造出的事物，都會穩固牢靠，普世通用。在平衡和療癒的狀態中創造出的事物，也會保持這種狀態，存在於永恆的「當下」。

以這種方式創造出的一切，就算經過好幾世紀也將屹立不搖。

你們會迎來充滿和平與健康的數千年。

不過，你們也必須積極地去做以下的事：

為了保持健康，你們必須活出自我。
你們不能畏畏縮縮，在人生中當逃兵。
你們不能只在想像中過完一生。
請實際去生活吧。

巴夏的關鍵字

允許／allow

在巴夏的思想中，「允許」算是較難理解的詞彙之一。例如本書中就曾解釋：「如果你允許這件事發生，這件事就會發生。」「在人生中，你不需追求事事順利，只要允許事事能順利就好。」

這裡的「允許」一如解釋，意思是無需勉強維持順利的狀態，而是任由順利的狀態出現。也就是說，我們只要百分之百相信正向，將一切交由同步性決定就好。

另外，由於我們是抱著信任，任由一切自然發生，也就代表我們不會拘泥於腦中的固定思維，也不會有所期待。舉例來說，如果你是在興奮和富足的能量中購買彩券，就會在下一刻忘記此事，也不會對彩券是否中獎牽腸掛肚。

當然從「允許」一詞的本意來看，大前提原本就是要我們對自己說ＯＫ。比方說，就算你想要發財，決定「任由財富出現」，每分每秒都保持興奮的心情，只要不是無條件地愛自己、承認自己存在的價值，那就不算允許。至於「發財會讓人變壞」、「這樣不就等於只為自己的利益著想嗎？」之類的信念，也會抑制自己的期望，所以一定要審視心中是否有這些謬論。如果有，就必須替換成符合自己期望的信念。

愛的相反不是恨，而是自卑感和罪惡感——巴夏總是不厭其煩地如此強調。以前面的例子來說，你必須檢視信念，轉換成「我值得擁有財富，我可以發財」的能量。你要無條件地愛自己，對自己說ＯＫ，然後懷抱信任，任由財富自然產生，這樣才稱得上是「允許」。

「頻率低的人深信必須運籌帷幄，才能讓某件事發生。但另一方面，頻率高的人卻明白自己唯一該做的就是給出允許，並任由那件事發生。」

為社會奉獻，為自己奉獻

所謂的療癒，就是你把為自己創造的每個面合為一體。

你要懷著喜悅使用每一面。

不過當你展開行動時，請站在「我是一個完整存在」的立場行動。

這世上之所以有這麼多人，就是因為你們在生活中要互相幫忙，互相支援，互相指引道路。

你們要在「為社會奉獻」和「為社會中的自己奉獻」之間取得平衡。

若是為了奉獻社會而犧牲自己，稱不上是對社會真正的奉獻。若是為了做想做的事而犧牲社會，也不是真正地為自己奉獻。因為這麼做就等於把自己從廣大的援助中切割出來。

所謂的療癒，是讓人生中體驗到的一切保持平衡。

你們既是個人，也是整個社會。

每個人都是如此。

所以，你們要先療癒自己。

用愛和創造性去療癒。

你要透過帶著統一性的行動，去實踐內心感受到的一切。

還有別忘了和身邊的人分享，不要把想法藏在心裡，祕而不宣。

你們可以將紀念碑、藝術作品推廣至全世界，讓大家都能親眼目睹。

這樣的話，療癒的波動就會擴散開來。

如何運用能量點的波動？

說到要如何實際創造具有療癒能量的物品，我倒是有個不錯的方法。

地球上有許多能量點（Energy Spot）。在地球上，像這樣的土地都會散發非常強大的**電磁能量**。

進入那些地方時，你們會在體內感受到那股波動，讓自身的波動和那片土地的頻率達成一致，就能和那股能量合而為一。

一旦充分感受過那股能量，即使你離開當地，去到地球上其他地方，只要讓自己變成那種波動，就能化身為能量點。周圍的人也能從你身上感受到那股能量，也就是能量景點散發的能量。

至於方法非常簡單，只要運用想像力就好。

試著回想在那個能量點經歷的一切，以及當時的感受，你就能化為那股波動。

這個方法也能在療癒別人之前使用。

在從事藝術創作前，也能如法炮製。你可以重現那股波動，在那種能量中進行創作。等創作完成後，那種能量就會牢牢刻進作品中。比如繪畫，畫作中就會蘊含能量。

我再舉個例子。想必各位都知道，富士山是地球上有名的大型能量點之一吧。其實，你可以在任何物品上複製出富士山的波動。

只要你用富士山的波動進行創作，比如繪畫，那麼前來欣賞畫作的人就能從中感受到富士山的波動。

用意識的物理學「共鳴魔法」來療癒

大自然是一種常保平衡的療癒能量，請善加利用這股波動。

各位應該都知道，當你們欣賞美麗的花草樹木時，光用看的就能回歸核心，取得平衡。當你在那股波動中進行創作，成品中也會混入相同的波動。

這個現象也呼應我之前強調的「世界是比喻，是象徵」。

所有物體、物質都擁有各自的波動，所以反過來說，你們也可以創造出具有療癒振動的物品。就算不是實體，只是象徵性的模型，也具有類似的波動。

無論如何，各位都是在創造物理現實。

所謂的物質，不過是將你們意識中的波動具體化後投射出來的象徵而已。我們也可以這麼說：樹實際的波動和那棵樹的畫作的波動，其實幾乎沒什麼分別。所以，即使附近沒有實物，透過創造象徵或模型的行為，也能感受到那股波動。

這在過去稱為「共鳴魔法」。

會這麼稱呼，是因為只要創造相似的物品，就算沒有在真正的實物旁，也能接收到相同的波動，獲得相同的效果。

這裡的「魔法」，是指你們可以很刻意地轉換自己的信念，改變周遭現實的能力。

如果你以心電感應的方式，將這種變化的波動傳送給別人，當對方接收到這股波動時，也能產生同樣的變化。

這就是共鳴魔法，並非什麼多神祕的現象，而且非常符合科學，說是「意識的物理學」也不為過。

請記住，一切都是自己的波動。

只要你百分百做真正的自己，就能療癒自己和周圍的人。

只要你能保持平衡，周圍的人也會和你的波動產生共鳴，找回自己的平衡。

接下來，我們就透過問答，在彼此身上施加共鳴的魔法吧。

有任何問題，請儘管提出。

Q1 頸部有揮鞭式創傷，該怎麼辦才好？

Q1（女） 我透過舞蹈，和這個世界的人進行深入交流。然而，當我決定接下來要積極從事表演活動時，頸部的揮鞭式創傷*卻開始嚴重妨礙我跳舞。第一次發作是在去年四月，脖子痛到完全動不了。結果還不到一年，在今年二月底又復發了，脖子再次無法轉動。

巴夏 這個病有明確的原因嗎？

Q1 我覺得是我以前不太珍惜自己的身體。

巴夏 那現在呢？

Q1 現在我很確定自己想跳一輩子的舞，所以從現在開始，我要更注重健康，給身體更充分的照顧。

巴夏 妳有泡過泥浴嗎？

Q1 沒有，沒泡過。

巴夏 對妳目前的狀況來說，這應該多少有點幫助。妳可以試著泡溫的或熱一點的泥浴，但不要太燙。最好選擇含豐富礦物質，特別是有銅的泥漿。這樣會有雙重效果。首先，泥浴會直接為妳的肉體帶來許多好處，可以療癒體內的各個部分。再來，泡在泥中也能引導妳進入某種靜心狀態。在這種狀態下，以往看不到的問題會浮上檯面，能幫助妳解決和整合這些問題。

Q1 對了，可以問妳一個問題嗎？為什麼妳會想跳舞呢？

我想利用身體的舞動來傳達一個訊息，那就是世界上的每個人都是舞者，可以自由地用身體來表現自我。

＊ 揮鞭式創傷：頭部如揮鞭般快速甩動時，所造成的頸部各類傷害。

巴夏　我懂了。那妳的頸部問題是在跳舞時出現的嗎？

Q1　是的。

巴夏　妳是不是讓身體做不必要的過度伸展呢？

Q1　不只是脖子，其實背部從很久之前也開始出現嚴重的僵硬和疼痛，但我沒去理會，依然勉強自己繼續跳。

巴夏　妳想傳達給別人的訊息，有這麼急迫嗎？這是非得趕著完成不可的事嗎？

Q1　我想應該不是。

巴夏　那麼，為什麼妳還要勉強自己做呢？

Q1　我想，我可能在心中設下「要在這天前做到這件事」、「要在這天前達成這個目標」的期限，所以難免會感到焦慮。

巴夏　妳給自己設了「期限」（Deadline），也就是「死線」。妳知道這個比喻有多直接嗎？

Q1　知道。您在書中也說過：「為什麼你要這麼急？究竟在急什麼？」我覺得很刺耳。

巴夏　就各種層面來說，這句話很符合妳的情況。當妳為了傳達某個訊息，設下「必須用這種形式」的僵硬框架時，那個框架很容易崩壞。

妳身為舞者，應該比一般人更了解流暢和流動才對。請把「柔軟性」當成妳的新波動吧。

妳根本沒必要著急。在這輩子裡，妳一定會有充足的時間說出該說的話。當妳有什麼想表達時，唯一的阻礙就是著急和慌張。

妳根本不必強行按住時鐘的指針。**只要隨著潮流，順流前行就好**。我保證妳這一生中，絕對有充足的時間去說出想說的一切。這樣感覺應該比較好吧。

Q1 嗯，的確是。

巴夏 那就讓自己感覺舒服點吧。請好好珍惜自己，好嗎？

Q1 好的，非常感謝您。希望以後能有機會與您共舞。

巴夏 我們剛才不是已經共舞過了嗎？（笑）

Q1 說得也是。

巴夏 總之，請好好享受泥浴吧。（笑）

重點整理

Q1 頸部有揮鞭式創傷，該怎麼辦才好？

A 試著泡泥浴看看。

請將「柔軟性」當成自己的新波動。

根本沒必要著急。

有什麼想表達時，唯一的阻礙就是慌張。

Q2 明明覺得育兒是充滿創造性的事，卻經常和孩子起衝突

Q2（女） 我覺得育兒是非常有創造性的事，而且孩子的波動很美好，但我們親子間經常因頻率不合而發生衝突。我是為了孩子好才說那些話，結果卻越說越大聲，甚至忍不住動手。

巴夏 在妳心中有什麼尚未達成調和，讓妳無法安心的地方？在那樣的情況中，

是什麼觸怒了妳？妳內心的憤怒是什麼？

妳會不會只是對小時候大人灌輸的觀念產生反應？然後現在又打算將那些觀念傳達給孩子？妳看著孩子時，是不是想起什麼不堪回首的往事，所以才發火？

Q2 今天我會問妳很多問題。哪個都好，可以挑一個來回答嗎？

巴夏 我有自己做事的步調，要是不在今天內完成，就無法安心入睡。

為什麼？

Q2 如果第二天有工作，衣服卻堆著沒洗，那就麻煩了，所以我也不能只顧著孩子。

巴夏 這樣的話，如果依我剛才所言，這其實是因為妳沒有依照自己的喜好來安排生活，而是拚命配合「這些事非做不可」的行程，所以才會憤怒。這樣妳明白嗎？

Q2 明白。

巴夏 那我再問妳一個問題。

妳現在做的是最讓妳興奮的工作嗎？還是只是為了維持生計而工作呢？

當妳在做最讓妳興奮的事情時，所有對妳而言真正重要的環節，都會在最完美的時機發生，行程也會自動排定，不需要妳操心。

所以關鍵就在於，有沒有什麼能令妳興奮、讓妳和孩子有時間相處，又能照自己期望的方式安排的工作呢？

又或者是，妳能不能安排出最令妳興奮的行程，讓妳可以在人生中找到幫妳照顧孩子，讓妳能出外闖蕩的人呢？

當妳做真正喜歡的事情時，行程中的各種細節都會配合完美的時機順利進行。但如果妳強迫自己做無法興奮的事，在妳眼中行程自然會處處受阻。

如果妳覺得行程不太順利，做起來很費力，就代表那行程並不屬於妳，妳只是在努力執行潛意識中某個屬於別人的行程。那可能是父母傳承給妳的行程，也可能是社會灌輸給妳的行程。

無論是哪種，只要過程進行得不順利，就代表那行程並不屬於妳。如果不是妳的行程，妳再怎麼努力都無法挪出足夠的時間。但如果那是屬於妳的行程，一切都會在完美的時機水到渠成。

怎麼樣，我這麼說夠清楚嗎？

Q2

嗯，我的確有需要反省的地方，難怪聽了很刺耳。

從大人的角度來看，孩子的頻率真的很高，要配合他們實在相當困難。如果您有什麼好方法能讓我配合孩子的波動，還請指點一二。

巴夏

妳忘了一件很重要的事。

妳的孩子是自己選擇要出生在妳們家的。所以，只要妳找回原本的自己，孩子真正的頻率和妳真正的頻率自然會達成一致。聽明白了嗎？這對妳有幫助嗎？希望不會讓妳覺得太刺耳。（笑）

重點整理

Q2 **明明覺得育兒是充滿創造性的事，卻經常和孩子起衝突。**

A 妳的孩子是自己選擇要出生在妳們家的。只要妳找回原本的自己，孩子真正的頻率和妳真正的頻率自然會達成一致。

Q3 想要吸引適合的結婚對象

Q3（女） 現在包含我在內的適婚年齡男女，有很多人都找不到適合的對象，還出現「可能結不了婚」、「可能不會結婚」症候群。

巴夏 哦。這是什麼樣的症候群？

Q3 比方說，有很多人好不容易結了婚卻又馬上離婚，所以我也很怕結婚後婚姻會不順利。

巴夏 這樣的話，或許妳應該重新定義結婚這個行為比較好。

當你們互相受到吸引、建立某種關係時，會認為這過程必須有個儀式。但在我們的社會，每個人都和其他所有人結了婚。從社會整體的角度來看，無論誰在哪裡遇到誰，其實都跟結婚無異。有人會一輩子維持同樣的關係，也有人一生中會和好幾個人建立關係。但這沒有對錯之分。

當然，我不是說你們的社會應該直接用我們的做法，但你們社會的能量似乎也正朝著這樣的方向發展。這是對人際關係的存在目的再次評估後得出的結果。

當我和你們這樣交談時，在這段時間、這段對話中，我們就等於是「結婚」了。人際關係的稱呼或許會改變，但妳和我，還有你們和我們，也可以說是「結婚」的狀態。

假設——我是說假設，這段關係的形式變化是自然的現象，那帶著愛去引發那些變化是非常重要的。

在我們的社會中，不論是什麼人際關係，我們都不會對形式或狀況有所期待。因為一切都在所有人的感謝、喜悅及無條件的愛之中創造出來的。

雖然說來有些矛盾，但很神奇的是，當妳不抱任何期待，而是以無條件的愛和對方來往時，這樣的人際關係反而能更持久。但是，如果妳從開始交往前，就已經在擔心會不會分手，要長久走下去很難。

所以從某個層面來看，其實妳這時已經離婚了。因為妳擔心會不會離婚，所以妳在結婚前，就已經離婚了。如果我們稍微放寬對連續性的定義，離婚先於結婚也不是不可能呢。（笑）

人際關係之所以存在，是為了讓彼此透過互相扶持，成為「百分之百原本的自己」。

如果這種扶持是以無條件的愛來進行，不管後來發生什麼變化，彼此都能懷著愛去迎接那些變化。而且這些變化絕不會對妳的人生造成負面的影響。妳能了解這種想法嗎？

Q3 嗯。我明白了。

巴夏 那麼，請說「I do.」。（這句話是雙關語，既是指教堂婚禮中的「我願意」，也是這裡的「我明白了」）

Q3 Yes, I do.

巴夏 我現在在此宣告，妳已經和自己結婚了。反正無論如何，如果不先和自己結婚，是無法和別人結婚的。

請無條件地愛自己，相信自己在人生中吸引來的一切。

這樣妳就能吸引和自己處於對等關係的人。

同時我也在此宣布，妳和這個社會的所有人也結婚了。

我先聲明，無論妳是跟某個人，還是跟某些人結婚，都要先和整個社會結婚。無論是只和一個對象結婚，還是結好幾次婚，都要以自然的自己為出發點。別為了回應社會對妳的期待，而拘泥於表面的儀式。

不管怎樣，妳應該不是想要一般的婚姻，妳想要更自然地結婚，對吧？

這樣妳有聽懂嗎？

無條件的愛／unconditional love

也有人翻成「至高無上的愛」或「不求回報的愛」。

「送上無條件的愛」——在結束每次對談時，巴夏總會以這句話收尾。從他的言下之意可以看出，他都是以「無條件的愛」的波動在進行交流，想必是因為巴夏他們就是純粹的「無條件的愛」，沒有摻雜其他波動。

所謂「無條件的愛」，是「偉大的一切」所擁有的和平、喜悅、均衡、和諧，以及熱情、興奮的振動，是宇宙最基本的調和波動。

當我們懷著「無條件的愛」進行交流時，自己的波動會和對方的波動開始共鳴，使雙方同時出現相同想法和感受的次數越來越多。這就是心靈感應（Telepathy）的原理。因為巴夏他們始終處於「無條件的愛」的狀態，才能透過心靈感應連結萬物。

此外，巴夏也曾提到，如果我們不是處於「無條件的愛」的狀態，沒有和自己或「創造」達成調和，所有工具和技巧都派不上用場，所以他要我們愛自己，並接受來自「創造」的愛。

在本章中，巴夏回答如何吸引理想伴侶的問題時，也給出相同的的答案。一切都是從無條件地愛自己開始。「『創造』和創造中發生的所有變化，其源頭都來自於『無條件的愛』。這不是哲學思想，也不是比喻。」這說法聽起來不太有實感，對吧？不過，將讓你興奮的事付諸實行，也等於給自己無條件的愛。巴夏說，實際去做讓自己興奮的事，就能體驗「無條件的愛」，並將這份愛擴及至身邊的人。

「創造」的「無條件的愛」，是名副其實地沒有條件。徹底的無條件，無限制。正因為如此，只要我們認為自己「無法體驗無條件的愛」，這信念就會帶來「體驗不到無條件的愛」、「不受人所愛」的體驗。

換句話說，就是因為「不被愛」的信念會忠實地轉化為「不被愛」的體驗，才更證明我們是被無條件地愛著。

Q3 嗯，我懂了。

巴夏 謝謝妳的理解，我可愛的新娘。（笑）

Q3 呃，雖然能和您結婚應該會很幸福，但我還是比較想吸引地球人。（笑）

巴夏 正如我剛才所言，只要妳如此期望，就有可能實現，但妳必須先無條件地愛最真實的自我。

重點整理

Q3 想要吸引適合的結婚對象。

A 請無條件地愛自己，相信自己在人生中吸引來的一切。這樣就能吸引和自己處於對等關係的人。一開始，必須先無條件地愛最真實的自我。

Q4 請教關於男性能量和女性能量的平衡

Q4（男） 因為今天談的主題是療癒，所以我想請教您的看法。從平衡的觀點來看，我覺得讓自己內在的男性能量和女性能量取得平衡，是非常重要的事。

巴夏 的確很重要。

Q4 去年我和某位女士交往。起初我們很談得來，感情也非常融洽。然而，當我為了工作去美國三趟後回來，就發現我們完全對不上線了。

巴夏 這樣啊。就彷彿變了個人嗎？

Q4 沒錯。我想不透她為何變得判若兩人，心裡很著急，就跟她吵了起來。

巴夏 不過，就算變成判若兩人，也沒必要吵架吧。不然你周圍的每個人都和你不同，那你不就要跟每個人吵架了嗎？（笑）

Q4 您說得也有道理。後來我們鬧翻了，現在幾乎斷了聯繫。在這段歷程中，我感覺自己從某個時期開始變得女性化，而她則變得男性化。我覺得她身上有股非常強大的力量。

在我們分手後，我試著從正面的角度，思考她到底教了我什麼。後來我得到的結論是，她讓我了解自己的優點，知道自己其實也有強大的力量。

巴夏 這也是一種觀點。同時她也讓你看到自己善於承受的部分。

另外，她展現力量的過程給了你機會，讓你審視自己是否能感覺出她的意圖是屬於正面，還是負面。堅定有力是正面，企圖操控支配對方是負面。

Q4 喔，我明白了。我覺得她的確有想操控我的部分，也知道自己有善於承受的部分。但相反地，我也有過於敏感、容易被情緒牽著鼻子走的一面。

巴夏 剛才我們談了男性能量，現在來談談女性的能量。

「善於承受」是正面的特質，但如果被牽著鼻子走，拿不出任何辦法，就變成負面了。

現在你各有兩組特質。女性能量是「善於承受」和「任人擺布」，男性能量是「充滿力量」和「支配掌控」。你正在學習如何讓這兩組特質取得平衡。

另外，這也給了你機會，讓你決定自己是否想要那種關係，還是希望吸引其他更理想的關係。

重點整理

Q4 請教關於男性能量和女性能量的平衡。

A 女性能量是「善於承受」和「任人擺布」，男性能量是「充滿力量」和「支配控制」。你正在學習如何讓這兩組特質取得平衡。

Q5 過世的父親，會以什麼形式傳來訊息？

Q5（女） 我以前在電視上聽您提過人去世後會怎樣，以及死者在去世三個月後，會傳來「我過得很好，不用擔心」的訊息。

巴夏 我不是說三個月後一定會傳訊息來，只是表示有這個可能。

Q5 這樣啊。家父是在今年二月一日過世的，我很想知道他現在在做什麼，還有要是他真的傳訊息來，到時會用什麼形式。

巴夏 妳有在夢中與令尊交談過嗎？

Q5 我記得他從未出現在我的夢中。

巴夏 請稍等一下。（沉默片刻）他是幾月幾日生的？

Q5 八月十日。

巴夏 那天會是接觸的關鍵。

妳可能會在夢境或日常生活中，透過某種同步感應到「這就是訊息」。

整個八月可能都會有溝通的機會。

Q5 非常謝謝您。

巴夏 我也謝謝妳。請代我向他說聲「謝謝」。

Q5 如果可以，我會的。

巴夏 為什麼要說「如果可以」呢？

Q5 說得也是。我只要說「爸爸，謝謝您」就好，對吧？

巴夏 對，他聽得到。他要聽，就會聽見。

請稍等一下。（沉默片刻）看來你們已經有過短暫的接觸，而且這個月內應該還會再次接觸。

不過他所在的維度和妳所在的有些差距，所以妳要把意識牢牢地集中在他身上，並選擇聚焦在他誕生的月份，這樣他的訊息就能傳給妳。

而妳現在和我的交談，原本就可能讓訊息提早一步抵達。不過八月十日是特別的日子，讓妳能以這一天為指標，敞開心靈等待訊息，還能靠自己確認那就是令尊傳來的訊息。妳現在是否有感覺到體內或頭部的溫度發生變化？

Q5 有。現在好像有點熱。

巴夏 哪裡覺得熱？

Q5 胸口以上的部分。

巴夏 那就是他的能量。妳能感覺出來嗎？

Q5 （用有些哽咽的嗓音說）能。非常謝謝您。

巴夏 你們的心是連在一起的，而且妳也成功收到了那個訊息。不過，他還會再來的。謝謝妳願意敞開心房。接下來他要忙自己的工作一陣子，所以請做個深呼吸，暫時釋放他吧。他會再回來的，好嗎？

重點整理

Q5 過世的父親，會以什麼形式傳來訊息？

A 會在夢境或日常生活中，透過某種同步感應到「這就是訊息」。

巴夏與我③

母女兩代都是巴夏粉絲。在見證正向癌症治療法後，開始相信意念會顯化

有川香

◆相遇的契機是什麼？

我和巴夏是在一九八八年十二月相遇的。當時我正在養育六歲的長子、四歲的長女和兩歲的次子，整天忙得不可開交。雖然手頭不算寬裕，每年我還是會犒賞自己兩次，用績效獎金蒐購繪本。還記得那一年，我也照例去大型書店挑了幾十本繪本，然後走向櫃臺準備結帳。就在我經過某個書櫃時，忽然感覺有書在呼喚我，那本書就是《BASHAR》。這是我第一次閱讀關於精神世界的書。當我在前言中讀到「你可以不相信巴夏，但巴夏的話可能會對你有幫助」時，內心感受到強烈的共鳴，就決定把這本書也順便買回家。

◆為人生帶來的最大衝擊是什麼？

我有巴夏所有的書，也會隨口向孩子推薦這些有趣的書。可能是潛移默化的關係，

五個孩子中的長女也在不知不覺間對巴夏產生興趣，加入粉絲行列。

到了二〇〇七年，時年二十三歲的長女被診斷出罹患鼻咽癌。當時她對我說：「我一直相信巴夏說的『意念會顯化』，現在正是實踐這句話的機會。能獲得這個機會，讓我覺得罹癌反而是件幸運的事。」她這番話為我的人生帶來前所未有的衝擊。巴夏曾解釋，正面和負面不單是「可／否」或「善／惡」的區別。正面是統合為一的能量，負面則是分離四散的能量。

我的大女兒根據這個說法，將體內不斷分裂的癌細胞歸類為負面能量，決定靠注入正面能量來加以中和。她覺得用「抗」癌一詞不符合自己的個性，便擬定以融合代替對抗的「與癌同學一體化計畫」。

她是在十一月中旬確診為癌症，但因為腫瘤位於鼻腔和喉嚨深處，無法以手術切除，所以在過完年後，選擇住院接受放射治療。在醫院接受治療期間，她也同時實行「與癌同學一體化計畫」。這段過程持續約三個月，直到她在三月二十七日因癌細胞消失而出院為止。結束治療後，我的大女兒如願在二〇一〇年夏天走上紅毯，在美國展開夢想已久的婚姻生活。

聽說癌症若五年內沒復發，就能視為痊癒。雖然醫生說她必須到二〇一二年才能確定是否完全康復，但至少今年夏天的檢查結果一切正常。當然人生無常，意外隨時會發生，但又有哪個人能例外呢？深知這個道理，我們母女倆或許也算是幸福吧，畢竟我們會更珍惜眼下的生活。這種「活在當下」的態度，的確很有巴夏的風格呢。

◆巴夏的思想對你人生的哪個層面造成影響，又提供了哪些幫助？

親眼見證我家大女兒的「與癌同學一體化計畫」後，我對「意念會顯化」更是深信不疑。而且，在了解到「一切都存在於當下，而非過去和未來」後，我放下對未來的不安，減少對過去的懊悔，每天的生活也變得輕鬆許多。

另外，我還有一個每次說出來都會讓大家滿臉錯愕的故事，那就是聽到大女兒被診斷出罹癌時，我震驚歸震驚，卻沒有「希望她無論如何都能活下去」的念頭。我當時只想：「這個人（靈魂）會做出什麼抉擇？在她身旁見證這個選擇，或許就是我的人生使命。無論她是選擇因病離世，還是從中學習，我都要冷靜從容地陪她走完這一程。」

當然我也曾沮喪到徹夜哭泣，或是高興到在大馬路上歡呼，並不總是能這麼豁達。不過，或許是因為我認為死亡並非終點，心情才會這麼輕鬆。畢竟巴夏曾說，死亡就和開門走進下個房間沒什麼兩樣。

◆巴夏有什麼令你印象深刻的話語，或是值得推薦的觀點嗎？

雖然巴夏也有很多難懂的訊息，但內容倒是從未給人矛盾的感覺。我最喜歡他的一點，就是不會讓人產生「我高人一等」的優越感。

他不會否定任何事物，也是我喜歡的地方。而他斷言沒有好壞之分的堅定態度，也讓我覺得很值得信賴。

此外，想到宇宙承認我是宇宙的一份子，我也感到很幸福。

我很喜歡他的這句話：「所謂的富足，就是有能力在想做的時候，做想做的事。」「有能力在想做的時候做想做的事」看似簡單，卻是一個包含很多面向的複雜條件。最近重新思考這句話後，我才領悟出箇中的含意。

有川香（Arikawa Kaoru）

一九五五年生，育有五名子女的平凡家庭主婦。遇見巴夏二十二年後，到最近才領悟「一體」（Oneness）的真正含意，開始意識到萬物都是來自於同一處的夥伴。

●部落格「森羅圖歌笛 sinra's cafe」：http://www.cropminori.com/

死亡是一種變化，
彷彿從同一間屋子的某個房間搬到另一個房間。
只要對靈性有更深入的理解，
你就會明白死亡不過是一種變化，而非終點。

巴夏與我〈追加篇〉……瞳・強森

出自部落格「小瞳的興奮日記！」

「與癌同學一體化計畫」成功！
夢想成眞，在美國享受新婚生活

☆正面和負面☆

大家好。

先冒昧問一下大家，你們聽到**「正面」和「負面」**時會聯想到什麼呢？

說到正面，通常會給人肯定、樂觀等相對積極的印象，而負面則經常給人否定、悲觀等相對消極的印象，對吧？

其實，小瞳並不是因為生病才開始思考這種問題。我從小就會問**「真的有鬼嗎？」**、**「死後會去哪裡？」**之類的問題，長大後也經常思考**「世界」**和**「宇宙」**是什麼。

幸運的是，我媽並沒有因為我是小孩，就對這些問題一笑置之。她總是很認真地面對我，用「我是這樣想」的方式直接表達她的意見。

後來，隨著年紀增長，我的疑問越來越深，也不再有人能給出完全正確的答案。後來我和媽媽結交共同的朋友，互相交流對世界的看法，每次都很開心。

後來，我遇到《BASHAR》這本書。

剛開始，我總是看得一頭霧水，常常打開沒多久又闔起來。

然而，就算一開始有看沒有懂，當我在現實生活中有了新的體驗後，又會在某個瞬間忽然領悟巴夏的話。

原來在巴夏的書中，就有我想知道的一切答案。

關於正面和負面能量，巴夏曾說過以下的話。

「正面能量是統合的能量，負面能量是分離的能量。力量在分離時會變弱，統合時則會更強。」

我從生病前就知道這句話，但當時沒什麼特別的想法，只覺得「哦，這樣啊」。

後來，我被診斷出有癌同學，開始住院。在療程正式開始前的那一個月，我除了接受檢查外沒事可做，閒得不得了。

有天，我躺在病床上，看著病房的白色天花板，漫不經心地想著接下來要怎麼面對這場病。

雖然醫院的醫師非常優秀，我對他們的安排也很放心，但在精神上又該用什麼立場和癌同學相處呢？

「雖然大家都說要『抗癌』，但我沒有想對抗的心情……。」

「癌症……。」

「所謂的癌細胞……。」

「就是細胞無限分裂……。」

啊！

沒錯，小瞳忽然想到了。

如果真如巴夏所言，負面能量是分離的能量，那無限分裂的癌細胞不就是負面能量的極致嗎？

既然這樣，只要往體內注入正面能量，就可以中和這種負面能量了吧？

我於是靈機一動，為癌細胞取了「癌同學」的暱稱，以象徵雙方的友好關係，並決定將接下來的所有療程當作是「**與癌同學一體化計畫**」。

我開始在腦中想像成千上萬的癌同學並肩而立，一個接一個和旁邊的癌同學牽手融合，等全部化為一體後，再和周圍的正常細胞牽手融合的畫面。

因為我是屬於越誇獎越進步的類型，所以每當身為自己一部分的癌同學合體時，我都會不假思索地這麼誇獎：

「哇，癌同學，幹得好啊！不錯，就是這樣。你們真是棒呆了！」

當然這一切都只在小瞳的想像中發生就是了。（笑）

後來隨著療程推進，我的體力也越來越差。當主治醫生告訴我「〇〇的數值下降，抵抗力變弱」時，我雖然病懨懨地躺在床上，腦中卻高聲疾呼：

「小瞳體內的各位細胞，謝謝你們一直這麼努力！聽我說，現在負責提升〇〇值的人好像遇到大麻煩了。我知道你們都很辛苦，但能不能幫他們一下呢？拜託大家了！」

總之，就是拚命拜託自己。

雖然沒有證據能證明這個想像戰術是否管用，但至少從「與癌同學一體化計畫」結束後到現在的這兩年間，癌同學一直都和正常細胞保持一體的狀態。

當然，這一切還是得歸功我生在現代的日本，能接受最先進的醫療，以及醫院的醫生、護士、工作人員、家人和朋友等無數人提供的協助。

不過，先撇開這個不說，小瞳之所以要分享這個故事，也是希望能透過這段在精神上與疾病共處的經驗，為其他病友帶來啟發。

其實，正面和負面本來就沒有好壞之分。

順勢而為是正面，逆流而行是負面。

每個當下想採取的做法，可能不盡相同。
不過唯一能確定的是，小瞳喜歡輕鬆，所以我是不折不扣的正面派。（爆笑）
那麼，今天就先說到這裡吧。

瞳・強森（Hitomi Johnson）

一九八四年生。透過母親引介認識巴夏，受到很大的影響。二十三歲時被診斷出癌症，後來從巴夏的話得到靈感，懷著興奮的心情接受治療，直到癌症消失，康復出院為止。目前正在美國享受新婚生活。

●部落格「小瞳的興奮日記！」http://hithitchan.blog21.fc2.com/

＊本文出自網址：http://hithitchan.blog21.fc2.com/blog-entry-416.html

正面的、肯定的能量具有統合的本質。
這種能量會急速增長，產生強大的連結力。
負面的、否定的能量會使事物分離。
每個個體會變得更疏遠，更分散。
所以，合作的力量才會如此強大。
請各位一定要牢記在心。

CHAPTER 3

建構世界

個人的波動，會讓全體改變

大家好，本次交流是以一系列的方式進行，而今天是最後一次。很感謝各位舉辦這一系列交流，讓我們能以這種方式和你們的文明對話。透過這樣的交流，你們的文明產生了顯著的加速。在你們的星球上，正以飛快的速度不斷發生巨大的變化。今後這樣的變化也將持續下去。

在這次交流中，我也談到許多主題。

首先，我談到要做最讓自己興奮的事，也提到你們的世界，這個**物理現實**是各位意識的比喻和象徵。

再來，我也解釋了如何在地球創造和平與調和，以及如何在你們自身和你們的世界創造療癒的波動。

至於今天要談論的主題，則是如何建構新世界。我會解釋從今天這一刻起該怎麼做。

我們知道你們在各自的人生中，都引發過各種變化，也深知你們個人引發的變化，正在影響整個地球。

當周圍的人看到你們的變化時，他們也會明白「啊，原來我也可以做讓自己興奮的事，可以開始做喜歡的事」，然後選擇這麼做。

你們全體就是地球上的唯一意識，而且在個人層級上，你們也隨時隨地透過心靈感應連結在一起。

因此，當每個人都堅定選擇讓自己興奮的生活方式時，這股波動就會在整個社會中越來越強。

有時候，你們會以為自己只是身在廣大地球上的某小國的小城市的小角落，所以無論有什麼作為或引發什麼改變，對整個地球都不會造成任何影響。但你們要知道，改變整個社會的波動能量，正是來自於所有個人的波動。

你們每個人都是「世界性靈魂」的某一面，同時也和整個「世界性靈魂」相互連結。

雖然我剛才用「世界性靈魂」稱呼，不過你們也可以稱之為佛陀、基督，什麼名稱都無妨。

別忘了我之前說過：「無論是哪個概念，只要改變其中一小部分，那個概念都會變得截然不同。」從整體的角度來看，前者和後者已經是完全不同的概念。

所以**在這個當下，這個瞬間，每個人的想法都正在改變整個世界，而且不費吹灰之力**。請牢記這一點。

你是有意識地在引發變化嗎？刻意的程度有多高？

這將決定你會為這個世界帶來多大的變化，以及這個變化是否能變得肉眼可見。

不過在建構新世界方面，其實各位也不需要學習方法，因為你們已經每分每秒都在建構新世界了。

前往另一個地球

每個文明在進入建構新世界的階段時，都會浮現同樣的疑問。

「如果要創造新世界，舊世界該如何處置呢？」

要放在哪裡才好？收進壁櫥？

跟垃圾一起扔掉？

放把火燒掉？

還是丟入水中，任其自然溶解？

當然，你們也知道這是玩笑話。真正的做法是運用其中的能量，將舊世界轉化為新形態。

你們要改變時也是如此。當舊的自我蛻變成新的自我時，也只是從以往的自己變成有新觀點的自己。

請試著理解我接下來要談的內容。

從某個層面來看，地球其實有無數個。所有可能存在的地球，都同時並存於這個當下。因此，當原本的世界變成另一個既有的世界，或是建構新的世界時，會發生以下的情況。

你們只是從目前的地球，移動到另一個已存在的平行地球（Parallel Earth，同時並存的地球），也就是和原本世界的波動僅有些微差異的地球上。

接下來我會從基礎開始，更詳細說明這個概念和原理。聽起來可能有點偏科學理論，總之我會盡量簡化內容。

我之所以簡化，不是因為擔心直接說你們會聽不懂。我希望你們不要只靠理智，也要用自己的心和直覺去理解這種思維。

接下來，就舉個簡單的例子來說明。

高我／higher-self

「高我」是指位於我們的內在，與宇宙智慧相連的高層意識，相當於智慧、心靈的部分，亦稱為「較高心智」（Higher Mind）、「高維度意識」或「大我」。至於和高我相對的則是「肉體心智」（Physical Mind）、「物質界意識」，相當於顯意識、思考、邏輯和大腦的部分，同時也是為了在物理現實生活而創造出的人格（Personality）。

如果我們只關注平常的物理現實，就會忘記高我（較高心智）的存在，所以巴夏才說：「人生其實也是引導我們想起自己擁有較高心智，並重新建立連結的旅程。」

不過，這不代表我們在日常生活中就完全用不到高層心智。例如，當我們在心中描繪未來想做的事情時，就會用到較高心智。另一方面，肉體心智和思考的部分則是純粹為了理解過去發生的事而生。所以，若單用肉體心智來思考未來，就只能想到過去或他人的例子（而且通常是錯誤的成見、信念）。我們在思考讓自己興奮的事情時，之所以會遭受「我辦不到」的限制，或許原因就是出在這裡（當然自卑感和罪惡感，以及衍生這些感覺的信念也可能會有影響）。

因此，我們首先要想起自己擁有較高心智，也就是高我的一面，然後讓高次元意識（較高心智、高我）和顯意識（肉體心智、物質界意識）達成平衡，互相調和。

要達到這個目的，我們必須放鬆身心，仔細聆聽來自高我的言語，也就是想像力和靈感。另外還有一個關鍵，就是要將物理現實當成鏡子，拋開陳舊的觀念和恐懼，實際去做自己最感到興奮的事。這樣可以提高振動頻率，讓我們更容易捕捉到高我的聲音。

「如果物質維度的意識能盡快放下恐懼和陳舊的觀念，連結高維度意識，你們就能以正面的形式順利體驗到接下來的變化。」

意識改變視角的表徵，就是「移動」

移動和連續性，其實都是幻覺。

當某人從房間的某一角移到另一角時，他其實根本沒移動。只有當意識從上個視角換到下個視角，並且在事後回看時，才會產生看似移動的錯覺。如果用更精確的說法，**當意識改變視角這件事在物理現實中顯化，才會成為物理上的移動。**

身為意識的你，其實根本沒動。你始終都在這個位置。就在「當下」，就在「此處」。

與其說是你們在物理現實中移動，不如說是物理現實圍繞著你們移動。

這個原理可以用電影膠捲來說明。

電影的膠捲是由一個個靜止畫面按時序排列而成的一整條細長膠片。當移動的幻覺產生時，會受到膠捲通過放映機的速度，也就是意識認識到那些畫面的速度影響。每格畫面都是各自分開的，代表每個獨立的「當下」。

由於每一格實際上都和上一格分離，隨著觀看方式不同，每個影格也都能隨意抽換。

但在你們的世界中，你們同意「照順序觀看影格」這個共識。

當你們的意識依序追著影格時，其實你們不過是在改變觀看方式而已。每個影格中的人都未曾移動，是你們一致同意「要依序觀看影格，創造『電影中的人在動』的錯覺」。

你們的物理現實結構，就類似剛才提到的膠捲。請務必理解這個概念。當你們從房內一角「移動」到另一角時，其實並未移動。各位只是在每個當下改變意識的視角，將畫面排列起來，製造出有人在移動的假象。

每一刻都在創造新的宇宙

讓我們回到無數的平行地球這個概念上。

不計其數的平行地球，就好比電影膠捲上的每個影格。

只要各位的意識發生丁點變化，你們就已經來到和以往截然不同的地球上。上一格地球和產生微小變化的下一格地球，是名副其實完全不同的兩個地球。

請務必理解這個概念的意義，以及現實中正發生的事，並且讓這一切認知滲透進自己體內的每個細胞。

我們之所以談這些，是希望你們知道改變世界就是這麼簡單，而且你們也一直在改變世界。

每個存在都是無限造物主的某一面。你們每個人都有巨大的力量。你們分分秒秒都在用這股力量創造全新的地球，全新的宇宙——只是自己尚未意識到。

請花點時間，讓這句話滲透進自我：「我正在使用力量，在每個當下創造全新的宇宙。」

在聽聞這種想法時，若中途感到思緒有點停滯，請記得這麼做。陷入混亂的感覺，其實是通往真正的自我意識的第一步。

再來，請試著理解以下的概念。

從無意識創造轉為有意識創造的過程，就像學習如何停下一捲正在播放的電影膠捲。學會後，那些影格就不再自動播放。你們能製造彷彿暫停的時間，可以仔細觀察周遭正在發生什麼。你們每個人在每個當下，都是以飛快的速度在創造這個現實世界。

當你們提高自己的頻率，高到足以和創造物理現實的速度一致，就會覺得自身創造的現實看似有如按下了暫停鍵。

相信很多人應該都在電視或電影中看過，若在黑暗的房間中讓水流如瀑布傾瀉而下，再以頻閃燈（strobe light）啪啪啪間歇地照射，水花看起來就會像靜止在空氣中一樣。

當你們在清醒的狀態下觀看自己的現實，意識就會發揮類似頻閃燈的作用。即便如此，你們也不必真的讓周圍的現實看起來如冰凍般完全靜止。雖然的確有人能看到那種景象，但在大多數人眼中都不會如此。

當各位的意識能像頻閃燈照射水幕一般，聚焦在自身創造的現實時，就能開始看到各個事物間的關聯。然後，**你們會開始真正明白自己所經歷的現實，就是由自身的觀念、信念和思考創造出來的。**

所以，如果你們要改變自己的意識，能否確實察覺當下的意識中有什麼信念，便是關鍵所在。

一切都由你構成

當各位學會如頻閃燈般將意識聚焦後，就會開始感覺到一件非常重要的事。

長久以來，你們一直以為自己身處於物理現實中。即使知道自己是意識，是靈魂，你們也依然以為是自己在物理現實中讓意識和靈魂顯化成實體。然而，當你們的意識擴大，變得更有自覺後，就能從稍微不同的觀點來看事物。

請仔細聽好了。接下來我要說明的概念，乍聽之下可能只有毫釐之差。但其中的差異其實相當大，可說是天壤之別。

在舊有的思維和信念中，你們總以為「自我意識是存在於這個物理現實中」。但實際上，各位的意識並不在物理現實裡；相反地，是你們的意識將意識本身顯化為物理現實。也就是說，**這個物理現實是意識以物質形式表現自己的結果**。請務必明白這一點，這兩種觀點間存在著巨大的差異。

如果你們認為是「自己的意識進入到物理現實中」，就等於採信「物理現實和自己的意識及其他部分是各自獨立」的觀點。然而，物理現實並沒有這麼單純。

你們的意識有各種不同的表現方式，而各位現在體驗的物理現實，也不過是其中一種形式而已。也就是說，這包含了以下的意義。

雖然靈媒現在正坐在各位眼前舞臺的椅子上，但這個舞臺、這個房間、這把椅子，其實統統都是你們的意識創造出來的。

全是意識的產物。請務必明白這一點。

平行地球／parallel earth

指同時並存的地球，亦稱為「平行世界」、「平行現實」、「並行世界」、「並行現實」等。這個概念主張宇宙中有無數和我們生活的世界相似的世界，和眼前的現實不同的現實。平行世界不僅以各種形式在科幻小說和電影中登場，在數學、物理學、天文學等專業領域中，其理論上的可能性也經常引發熱烈討論。

巴夏曾解釋：「無論是什麼樣的人生，所有你能想像到的一切，都會以『你的人生』的形式並存。」基本上，過去世和未來世其實是「和現在的人生同時進行的並行存在」。我們所體驗的一切，是自己的意識聚焦的部分。「每當你們決定改變時，你們的波動會變成其他頻率。一旦像這樣改變自己的頻率和波動，你們就會從之前所在的世界轉移到另一個並行現實，也就是平行世界。」

巴夏曾舉例說明，假設宇宙中已經存在「沒有十四萬四千名覺醒者的地球

A」和「有十四萬四千名覺醒者的地球B」，問題就變成「你要轉移到哪個地球」。不過要注意的是，地球A並不會變成地球B，而是兩個各自獨立的既有地球。所以如果想體驗地球B，其實不需要改變其他人。我們唯一該做的，就是把自己的意識焦點從「在地球A的我」轉移到「在地球B的我」。

巴夏指出，在二〇一〇至二〇一五這五年間，是轉移到平行世界的關鍵時期。到目前為止，我們還能多少體驗到和自己頻率不同的世界。但根據巴夏的說法，從二〇一二年開始，人們會隨著頻率被陸續分配到各種正面或負面的平行世界。到二〇一五年後，這種趨勢還會進一步加速，導致每個人都只能體驗由自身的波動選擇的那個平行世界。正因如此，我們更需要盡早朝正面的方向前進。至於方法，當然是「做最讓自己興奮的事」，以及「正面看待人生中的每個事件和狀況」。

來。

各位的意識以舞臺，以房間，以椅子，以周遭聽眾的形式，將意識本身呈現出都是你的意識的產物。

所以，當你想建構新世界、改變世界時，唯一要做的就是改變自己的意識。這樣世界就會隨之改變。

我們知道，你們長久以來都抱持著「這個物理現實是從其他事物中分離出來」的信念，所以我們才會展開對話，希望你們能改變這種分開來看的觀點，並開始理解「自己就是物理現實本身」的事實。

你們並非存在於物理現實之中。

你們本身就是物理現實。

這個物理現實，是身為意識體的你們表現自己的方式之一。

接下來，我們就試著做一下練習吧。

我們要透過靜心，將各位結構牢固的物理現實稍微鬆動，迎接舒暢的混亂。

靜心練習

創造之火：體驗滿足一切的自己

請放鬆身體。

閉上眼睛……，
做三次深呼吸。

然後，想像自己看到以下畫面。

有個白色的房間。
你坐在房內某個角落的椅子上。
在那裡，你可以看到整個房間。
房間正中央站著一個人。

什麼人都可以。
就算不是人，甚至只是物體也無所謂。
只要房間中央有某個物體就好。
為什麼我一開始說是人？
因為等下我們要讓那個物體到處活動，
如果用人來想像，感覺會更自然一點。

好，現在你坐在房內的某個角落，看著站在房間正中央的人。
那個人開始在房內自由走動。
他一下沿著牆壁走，
一下從牆邊走回來，往別的方向去。
你只要看著那個景象，
看那個人做各種動作就好。
他會撿起地上的物品，朝某個地方伸出手，
觸摸某個物品，坐下來，站起來……。
不論那個人做什麼，只要旁觀就好。

現在那個人走回房間中央，再次佇立。
他的身體慢慢變得有些透明。
請把那個人當成是你們常說的「幽靈」。
雖然幾近透明，但你們知道他依然在那裡。

接下來，讓那個人再開始四處走動，
不過在開始前，請先做以下的準備。
試著想像那個人做動作時，都會留下前一刻身體的殘像。
就如同電影膠捲的影格，把前一刻的那個人留在原處，
而那些連續的殘影會映入你的眼中。
許許多多凍結於每個瞬間的身影，
就這樣不斷不斷串連下去，看起來就像在動一樣。
記得保持一秒一格的節奏，讓那個人在原地留下一個殘影就好。

那麼，現在就讓他動起來吧。

讓他一邊在房內到處活動，一邊在身後留下靜止的殘影。
請以一秒一格的方式，在每個瞬間留下他凍結的影像。

再來，叫那個人回到房間正中央。
他身後留下的大量凍結影像，在房間內四處分散。
每個凍結影像都各自擺出不同的姿勢。
這時你會察覺到，每個影像的頻率都稍有不同。

接下來，請為那些姿勢各異的影像編號。
你可以像電臺或電視臺依頻率分配頻道一樣，
也用「你是①號」、「你是②號」、「你是③號」的方式編號。

為所有影像編號後，再按順序從頭整個看一遍。
你會發現凍結的影像開始流動起來。
但如果不按順序，隨機挑其中一格來看，你看到的依然只是凍結的影像。

現在，請將那個房間的光線全部移除。
現在房內一片漆黑。
但大量的身體殘影依舊留在原地。

接下來，請用類似頻閃燈的光源。
現在你眼前擺著頻閃燈的控制盒。
控制盒上有個旋鈕，旋鈕上的數字分別對應房內的每個殘影。
先不要用旋鈕，直接開啟頻閃燈。
你會一口氣看到房內的全部殘影。

然後，把控制盒的旋鈕轉到①。
這時頻閃燈的頻率會稍微改變。
除了①號影像外，其他都變得很淡，幾乎看不見。
只有①號影像看起來非常清晰鮮明。
燈光繼續快速閃爍。
光線以飛快的速度「啪啪啪」閃了又閃。

接著，將旋鈕轉到②。

這時①號影像稍微變淡，②號影像則變得非常清晰醒目。

請照這個方式快速轉動旋鈕。

朝著②、③、④、⑤、⑥不斷轉下去。

每轉一次，前一個殘影就變透明，焦點移往下一個轉到的殘影，畫面變清晰。

等轉到最後一個數字，再把旋鈕往回轉。

就如同將電影倒帶一樣，將旋鈕一直不斷往回轉，直到轉到0為止。

轉到0後，一切都會變透明。

雖然看得見，但濃度非常淡，有如幽靈一般。

現在，假設已編號的大量殘影約有100個。

當我說出100這個數字時，你們腦中的影像數量可能會突然改變。

這也沒關係。

就姑且當成100個吧。

接下來，請將旋鈕從①直接轉到㉝。

不是依照②、③、④的順序，而是直接從①跳到㉝。

這樣一來，在①號影像後，㉝號影像就會突然浮現。

頻閃燈維持原樣，繼續「啪啪啪」地照射。

請坐在原處，靜靜觀看㉝號影像就好。

那個人影的手可能是舉起來的，也可能是垂下來的。

可能正要前進，也可能正要後退。

可能坐著，也可能站著。

那個影像就如銅像般靜止在原處，請靜觀就好。

當你坐在原處看著㉝號影像時，會發現以下的現象。

如果不連著看，而是像現在這樣只看㉝號那一格，你就無從得知㉝號影格的上一格是什麼情況，也無從得知下一格會發生什麼。

你無法知道手是正要舉起，還是正要放下，也無法知道手指是正要張開，還是正要併攏，更不知道這個人是要往右走，還是往左走。

當你一邊思考，一邊看著㉝號影格時，會在四周看到其他影像。

但那不是㉜號，也不是㉞號。

你知道㉝號的人在這種狀態下，有可能向右走，也可能向左走。

於是㉝號的旁邊出現準備往右走的㉝之A，準備往左走的㉝之B則出現在相反的另一邊。

也就是說，在㉝號兩邊會各自出現做不同後續動作的㉝。

㉝之A或許是往左走。

㉝之B或許是往右走。

不過在這之後會如何，目前還無法知曉。

可能往上，也可能往下。

接下來，又出現兩個凍結的影像。

㉝之A旁又出現㉝之A1和㉝之A2兩個別的選項。

㉝之B1和B2也同樣出現在那裡。

請注意，這些影像雖然姿勢各異，卻都存在於同一瞬間。

就彷彿一個又一個模版，等著意識進入其中，等著被你選上。

聽到這裡，各位應該開始了解到，每個當下都有如樹枝一般，朝著所有可能方向不斷分歧下去。

不只㉝號具有不斷分歧的無限可能性，㉝之A、㉝之A1也同樣具備無限的可能性。

而且，不僅㉝號具有無限的可能性，從①到⑩⓪的每個影格，都同樣具備朝無限方向發展的可能性。

此刻在房間裡，充滿了代表所有可能性的透明影像。

每個影像在彼此之間穿梭交會，就好比一塊由細線編織而成的布料。

朝各種可能性行動的影像，把房內塞得滿滿的。

現在，請試著將全部的影像、姿態，都當成你自己來觀看。

你會依照自己想追求什麼，想在這個現實中創造什麼，挑選出最適合自己的可能性，進行體驗。

「自己的意識以物理現實的形式表現自己」究竟是什麼意思？

其實你剛才看到的一切，就已經忠實地表現出正確的含意。

◆在①和③之間來來回回，然後……

接下來，請在想像中看著我以下要說的畫面：

假設你現在是①號那個人，

正試著從該位置感受所有的可能性，無限多的自己。

然後，請從①號位置移動到㉝之A1。

不是依序前進，而是非常迅速地瞬間移到A1，從A1的位置觀看所有你的其他版本。

再來，讓自己的意識在㉝之A1和①之間來回移動。

從㉝之A1跳到①，再從①跳回㉝之A1。

①和㉝之Ａ１不斷交互閃現。

請重複這個動作看看。

快速地重複切換，觀察看的方式會如何變化。

在自己讓①和㉝之Ａ１交互閃現的過程中，加入另一個自己。不管是第幾號都無妨。

原本「喀噠喀噠、喀噠喀噠」一次兩下的節奏，變成「喀噠喀噠喀噠、喀噠喀噠喀噠」一次三下的節奏。

然後是第四個、第五個、第六個、第七個……。

一個接一個不斷插入新的自己，並且讓速度越來越快，越來越快，越來越快。

把占據房內無數位置的自己陸續加入，以不斷加快的速度在所有的自己之間來回切換。

讓速度不斷增快，快到感覺自己同時變成房內所有的自己。

你現在同時看著自己所有的可能性，並且感覺到自己的能量非常高漲。

因為從這個自己移到下個自己的速度實在太快，甚至連移動過程中的空氣流動都開始感覺得到。

整個房間內都塞滿了你的意識。

你正在吸入和呼出自己的意識。

房間內的一切都成了你的意識。

連房內的光線也成為意識的一部分。

所有殘影、空氣、光線，此刻都在你的意識之中。

你的意識化為一股巨大的能量，以高速的頻率振動，充滿整個房間。

各種不同姿勢的你開始融化，房內被你的意識本身的光填滿。

你現在就是那道光。

你的意識以光的型態表現自我。

你成為占據這個房間的能量，成為時間和空間本身，成為「房間」這個概念本身。

那股能量，那道光芒越來越亮，房間本身化為純粹的白色能量。

「喀噠。」

聲音突然響起。

一切消失無蹤。

一切戛然而止。

一切歸於寂靜。

房內陷入一片漆黑。

在黑暗中，光又漸漸亮起。

你坐在房內某個角落的椅子上。

請深呼吸。

做兩、三個深呼吸。

房間裡，只剩你和你坐的椅子。

光線柔和，讓你很放鬆，心情十分平穩。

現在你明白自己是多麼浩瀚無垠的存在，

剛才看見的不過是滄海一粟。

自己的意識並不在物理現實之中。

物理現實不過是意識表現自己的方式之一。

關於這一點，剛才你們已經稍稍體會過。

現在體驗到的波動，將永遠留存在各位的心中。

現在各位已擺脫對物理現實和意識的陳舊思維，往前邁出一步。

這一步是大是小因人而異，但這完全不成問題。

不管變化多小，都足以改變你們的整體波動。

今後，你們能更敏銳地去感覺，去察知，去承認周遭的一切都是互相連結的事實。

就是這一點，讓你們能不費吹灰之力，輕鬆建構任何型態的現實。

現在各位已穿過創造之火。

剛才的靜心也可以稱為「創造之火」。

此刻的你們有如經過錘鍊的鋼，變得煥然一新。

感覺就像成為完全透明的純淨水晶，比以往更心胸寬闊，朝氣蓬勃。

現在，我們再做一次深層的淨化呼吸。

呼氣時，將所有的陳舊思維一併排出。

那已不再是你的一部分。

你一邊吸入新的氣息，一邊感受嶄新的自己。

你此刻擁有全新的觀點，存在於新的現實。
身處在嶄新的世界裡，身處在嶄新的宇宙中。

好，還閉著眼睛的人，請睜開眼睛吧。

站起來，伸展身體。
把雙臂高舉過頭頂，盡量往上伸。
往左右伸展。
往前方伸展。
最後，在胸前交叉雙臂。

各位是永恆的生命，永遠和平的象徵。
各位是永恆的意識。
你們過去一直存在，現在依然存在，
未來也將一直一直存在，永世都會存在。

你們只會發生變化。
你們始終存在。
因為世界只有「當下」這個瞬間。
永遠存在的永恆瞬間，
就是這個「當下」。
你們將永遠活在「當下」。

物理現實／physical reality

「你們並非存在於物理現實中，而是你們本身就是物理現實。你們作為意識體的表現方式之一，就是物理現實。」——巴夏曾這麼解釋道。

「物理現實」是指我們平常靠肉體生活的現實，也就是俗稱的三次元世界。對個人而言，物理現實是指從生到死這段期間在地球上經歷的現實，也就是人的一生。

另一方面，與「物理現實」相對的概念，則是出生前和死亡後的狀態，也就是「身為靈體的非物理現實」（Non-Physical Reality）。這可能是處於四次元或更高次元的現實。

當身為靈體的意識體「以物理形式表現自己，就是物理現實」。巴夏說我們和周遭的一切密不可分，是因為我們就是現實本身（所以要改變現實或建構新世界時，只要改變自己的意識即可）。

然而，即使號稱「物理」，在地球上擁有肉體，我們依然會體驗（表現）非物理現實／四次元（也有人認為是五次元）的現實，比如在睡夢中，在靜心中，在描繪願景時看到的現實，都屬於這一類。幼童有時會和「想像的朋友」聊天，那也是不屬於物理現實的「現實」。

此外，如果以「物理＝肉眼可見」和「非物理＝肉眼看不到」的標準區分，我們的思考、情感和意識活動都算是非物理／四次元。例如看電影時，雖然電影的拍攝、配音等過程屬於三次元，但觀影者的意識和情緒起伏，以及引發兩者的電影內容，卻屬於四次元的範疇。由此可知，我們人類不僅生活在三度空間中，更是能橫跨多個維度的存在。從巴夏的角度來看，身為意識體的我們是以橫跨多維度的方式來表現自己。

「物理現實」作為意識體表現自我的一種形式，或許正因為能橫跨多個次元，所以其中或許「疊合」了多樣的次元也說不定。

用靜心創造新的世界

這次的靜心「創造之火」和以往的不太一樣。

或許你們會覺得，要在腦中形成清晰的意象有點困難。即使如此，各位也無須擔心。

你們總是接收到來自多個層次的各種資訊。即使在靜心中，你們也能從最需要的層次，以最需要的形式接收資訊。所以，各位不必擔心。

請試著練習本章的靜心。

你們會更明確地掌握到世間萬物是彼此相連的感覺，從一切事物中看出關聯性的能力也會跟著增強。而且，無論周遭發生什麼事，你們都會像置身於颱風眼一樣，以平靜祥和的眼光去看待。

這也能同時提升你們的知性，讓各位在從事描繪意象、理解抽象概念或數學等心理活動時，能夠更加得心應手。

你們也能透過不同的角度觀察世間萬物，就算不逐一追蹤中間的細節，也能單獨看見結果的部分。此外，你們也更容易透過靈感，得知最終的發展。

雖然各位的大腦習慣按部就班思考，但這個靜心法可以改變這套思維模式，而且也有助於大腦細胞之間的協調，讓運作更順暢。

你們的大腦內部的傳導率*，電子訊號的傳播速度也會跟著改變。剛才的靜心雖然目的在於了解「自己的意識以物理現實的形式表現自我」的原理，但除此之外，這麼做也能在各層次上改變大腦內的組合與關聯模式。

雖然不算完全相同，不過本章的靜心和亞特蘭提斯*時代進行的靜心之間，在形式上還是有類似之處。

你們的世界和亞特蘭提斯時代截然不同，是一個全新的世界。透過這個靜心，你們也可以創造一個截然不同，差異大到如亞特蘭提斯和現代之分的新世界。

---

* 腦中的傳導率、電流的傳導速度：大腦中有超過一千億個會產生電流，傳遞資訊的神經元。這些神經細胞互相連結，形成錯綜複雜的神經網路。一個神經元有數千至數萬個突觸，每條突觸會配合神經傳導物質的活動，將「電流＝資訊」傳播出去。

* 亞特蘭提斯：約三萬年前興起的文明。雖然發展出足以建造金字塔的高度科技，後來卻分裂為正面能量和負面能量，導致動亂四起，最終在約一萬兩千年前巨型隕石引發的海嘯中沉沒瓦解。

請感受那漫長的歲月，看看你們究竟改變了多少，同時感受自己就存在於此處。就在「當下」，就在「此處」。

只要你們不再定義「這個瞬間和下個瞬間是連續的時間」，就能培養出看到「另一個完全不同的分離瞬間」的眼光。

接下來我要說的事非常重要，請務必牢記在心。

所有你們認為是「從過去延續下來」的信念，實際上都是你們**現在**創造的，只是表面上看起來像從過去延續下來而已。實際上，你們只是在這個瞬間再次創造出那些信念。

過去和物理現實一樣，也不是分離出來的獨立存在。過去、現在和未來的概念，只是你們的意識創造出來的幻影。

過去、現在和未來，都是名副其實地在「當下」，在「此處」。一切物體、地點和時間，都只存在於當下，於此處。

因此，只要把自己的頻率像轉頻道般切換到不同頻率，不管是哪種現實都能親眼目睹，親自體驗，就連自己期望的現實也不例外。

為世界帶來興奮的感覺

現在，我會試著從更貼近日常生活的層次，來講解什麼是「建構世界」。

首先要記住，將自己真正感到興奮的事物付諸行動，帶來世界，是非常重要的。

只要各位開始將自己的夢想，讓自己興奮的事轉為實際行動，就一定能實現。我向各位百分之百保證。這是我的承諾。

請記住，宇宙其實非常、非常、非常的單純。雖然也有不少複雜之處，但一切的基礎倒是非常簡單。

畢竟基本原理要是不夠精簡單一，就無法創造出如此繁複的事物。相信各位應該也明白才對。

唯有一條法則具有可以實現無限可能的能力。

唯有一條法則能成就一切，而一切也能化為一體。

你們也包含在這一切之中。沒有任何例外。

只要你們存在，你們就包含於存在之中。

只要你們存在於當下，就代表造物主承認你們有存在的價值。如果最自然的你懷抱著比什麼都令你興奮的夢想，光是那願景就足以賦予夢想存在的價值。

所以拜託各位，請不要抗拒自己。你們的一切夢想，都是有價值的。

請尊重自己的夢想，就像創造你們的造物主尊重你們一樣。如果造物主相信你值得擁有那個夢想，就不要抗拒這份信任，以同樣的心情信任自己。

請活在代表你自己的夢想裡。

請相信代表你自己的夢想。

看到你們願意以這種形式和我們交流，我們都感到喜不自勝，無比感激。雖然我們不知道你們是否真能理解，我們是多麼高興能和你們如此交談，但我們的整個世界都在向你們傳送這份愛。

宇宙聯盟向各位問候。

我們由衷期盼各位也能加入我們的宇宙聯盟，和我們共同探索宇宙，也希望雙方能像宇宙的孩子們一樣，以對等的立場一起嬉戲。

巴夏的關鍵字

宇宙聯盟／the Association of Worlds

據說，巴夏他們的愛莎莎尼文明所屬的宇宙聯盟（星際同盟），共有四百一十五個行星文明參與。雖然宇宙中還有其他聯盟，但目前太陽系的行星並不隸屬於任何聯盟。

巴夏說，宇宙聯盟從數萬年前的亞特蘭提斯時代，就一直觀察地球到現在。雖然他們無法直接干預人類的成長和演化過程，卻也透過巴夏的交流等方式，提供許多無形的支援。另外，他們在埃及的吉薩金字塔頂端和美國亞歷桑納州的瑟多納市等地部署太空船，維持能量平衡的舉動，也被視為支援的一環。

據巴夏表示，雖然地球長期處於宇宙聯盟無法直接介入的隔離狀態，但宇宙聯盟的「絕不干涉」政策有個唯一的例外，就是曾讓許多太空船駐守於核武發射井上方，並關閉核武開關。此舉的考量是，「若全球爆發核戰，不僅會影響地球，也會波及其他次元，造成重大影響，所以絕不能袖手旁觀。」目前地球正處於巨大的變化中，能量持續加速。巴夏曾預言，到二〇三五年後，地球人將全面展開與外星文明的正式交流。巴夏還說：「地球將於二〇三三～二〇三七年間逐漸改變，成為宇宙聯盟的一員。」

你們可以靠自己創造新的世界。

但如果和我們一起，就能創造出更多令人興奮的嶄新事物。

我們正藉由和你們的交流，建構這樣的事物。

如果有朝一日，各位選擇加入我們的聯盟，我們就能從你們足以創造新世界的多樣性中學習。光是想像有那種可能，就讓我們感到無比雀躍。

我們正懷著感激的心情，靜待那一天的到來。

所以接下來我將透過問答時間，來回報你們給予我們的美好餽贈。

Q1 顯化的速度由什麼決定？

Q1（男） 我從您的幾本書和錄音中獲益良多，先在此表達我由衷的謝意。

巴夏 我只是提供能反映你們自身意識的鏡子，很感謝你願意來尋找這面鏡子。如果是內在沒有的東西，就連寫在書裡也會視而不見，所以我也要向你說聲謝謝。

Q1 您的書中曾提到：「並非所有想到的事都會實現。」

巴夏 沒錯。但如果是最讓你興奮的事物，就會一直實現。畢竟你會感到興奮，就是因為那是能顯化的事物。

雖然凡是你們想像得到的事物，都會在某個維度顯化，但不代表一定會在物理現實中實現。而且在絕大多數的情況下，那些事物也沒有實現的必要。

不過身為全體意識的你的一部分，也可能在其他維度實現那些事物。**是**

你在所有你存在的維度中，各自實現不同事物的成果，匯聚成「你」這個集合體。所以，你在其他現實中的意識，也會以你在地球上的體驗作為參考或提示，經營自己的人生。

Q1 您的書中曾出現「三天、三週、三個月」這些數字。顯化的速度和當時意念的強度或持續時間有關嗎？

巴夏 那取決於你的意志有多明確，以及你有多相信那會實現。你的意志有多強，理想現實的波動就有多強。

重點整理

Q1 顯化的速度由什麼決定？

A 取決於你的意志有多明確，以及你有多相信那會實現。你的意志有多強，理想現實的波動就有多強。

Q2 請告訴我鬼壓床和怪聲代表的意義

Q2（男） 大約一、兩個月前，我和妻子睡到半夜，雙雙陷入輕度的鬼壓床狀態。當時我們都有聽到類似收音機的沙沙聲，像是有人在講話，或是有什麼訊息傳過來。一聽到那個像女人在問些什麼的聲音，我就不禁害怕起來。

巴夏 在進行這類接觸時，經常會出現這種現象。這種接觸通常發生在虛擬物理現實層次，也就是以太次元較低頻的部分，或是稱為星光體（Astral body）*的次元中。

那裡是**電磁能量場**，所以有時會聽到白噪音的沙沙聲，或是啪滋啪滋的電流聲。至於訊息的到來，是為了幫助你百分之百活出真正的自我。至於內容是什麼，等到適當時機就會察覺。

---

* 以太次元（體）、星光體：在人類、動物、植物等生物肉眼可見的軀體之外，籠罩著分層的能量場。根據神智學的說法，這四層能量體從物理肉體往外排列，依序為：以太體（Etheric Body）、星光體、心智體（Mental Body）和因果體（causal body）。

Q2 話說你在感到害怕後，還有感覺到什麼嗎？現在回想那個狀況，又感覺到什麼呢？

巴夏 我中途就脫離那個狀態，覺得很可惜，很想把訊息聽得再清楚一點。從某種層面來說，其實你已經完結了。那只是透過淺層的接觸，促使你開始去做某些事而已。要是所有訊息一次湧來，你也會很困擾。因為你的大腦網絡會完全燒掉。這樣你明白嗎？

Q2 明白了。

巴夏 關於這件事，你還有其他想問的嗎？

Q2 如果可以，我想知道當時聽到的聲音有什麼含意。

巴夏 那個聲音是要提醒你，你正在和某人進行溝通，而當你有需要時，就會想起內在原本就有需要的資訊，並將資訊實際應用在人生中。

這和我們今天進行的靜心很類似，有大量資訊在高度濃縮的極短時間內一次傳送過來。

所以在那一刻進入你的意識的訊息量，比大腦能解讀的上限要多得多，其中也包含幫身體維持平衡，讓你能和目前地球上發生的新能量變化同調的訊息。這樣你就不會抗拒變化的浪潮，而是乘著浪潮前進。

此外，你也能透過讓身體微微顫動，來抖落陳舊的信念，重新整合各種事物。這就好比把含氣泡的液體倒入杯中，會看到小氣泡從杯底不斷上升，如果這時輕戳杯身，就會冒出更多氣泡。

你有做過這種事嗎？

巴夏的關鍵字

電磁能量／electro-magnetic energy

巴夏說，宇宙是由單一意識構成。個人的肉體並非存在於自己的意識中，而是意識本身以物理形式表現自己。既然如此，能量又是如何在現實世界顯現的呢？巴夏曾如此說明背後的機制。

起初，有一個原始粒子（唯一的粒子）。這個粒子以無限的速度、頻率振動。隨著振動的類型不同，固體化的程度可以從非常薄弱到極為扎實。當振動頻率從無限降至每秒99.9萬次以下，密度就會增加，形成靈性流體。這種靈性流體會產生電磁流體（electro-magnetic fluid），而這就是物理現實的基礎。當振動頻率再降至每秒33.3萬次以下，物質就會開始形成。

本書兩度提及的「電磁能量」，應該和這種電磁流體有相同的性質。這個詞可說是了解我們是何種存在的關鍵之一。巴夏曾說：「你們都是由電磁能量形成的存在。」「意識是由電磁場投射而成，一切物質皆來自電磁場的振動。」「電磁能量始終圍繞在你們的四周。」由此可知，我們似乎是靠電磁能量產生振動，和萬物連結的存在。這樣聽起來，主張大腦是透過電子訊號控制體驗物理現實的肉體，以及進行思考的理論，好像也變得十分合理。

在過去，這種能量也被視為療癒的能量，尤其在像是「想大聲吼叫」、「妻子患有自律神經失調」、「罹患出血性疾病」、「祖父說他缺乏幹勁，鬱鬱寡歡」等身體和治療方面的問題中，更是經常登場。

「請想像自己漂浮在廣大的光之海中。這是一種如電流般閃耀的藍色液態光芒。這是連結宇宙萬物的光之海，也是連結我們所有意識的光之海，更是由我們的集體意識形成的光之海。」

Q2　有。

巴夏　那就是當時發生在你身上的事。（笑）有人輕戳了你的杯子。

當你開始做自己想做的事，就會想起需要的資訊。當你去做自己最感到興奮的事，活出夢想，一些你原以為沒有的才能也會出現。

你會展現無須費力就能做好每件事的才能，這些都包含在你當時接收到的資訊裡。

可能要再過一段時間，你才能明確地想起和你進行接觸的存在。就某種層面來說，凡是有過這類接觸的人，都碰過那個前來接觸的波動。**從另一個角度來看，你也延續了那個前來接觸的社會波動，並作為該波動的延伸或一部分，為這日常的社會做出貢獻。**

你能接收到那些波動，再把波動帶進你們的日常世界和物理現實。與此同時，那個前來接觸的社會也會和你接收到的波動保持溝通。

重點整理

Q2 請告訴我鬼壓床和怪聲代表的意義。

A 幫助保持身體平衡，讓自己能和地球上發生的能量新變化達成同調，同時抖落陳舊的信念，重新整合各種事物。當你要做最讓自己興奮的事情時，就會想起需要的資訊。

Q3 非常容易感受到波動

Q3（女） 非常感謝這個會場的能量，以及巴夏您的能量。

巴夏 別忘了還有妳的能量。但話說回來，妳也只是在體驗自己的能量而已。

Q3 是，我知道。我從小就深信在廣大的宇宙中不只有地球人，還有其他各式各樣的存在。

巴夏 我小時候也是這麼想呢（笑）。當然，孩童能感受到這點也是非常自然的事。

Q3 是啊。我每次聽到波動、意識等字眼，也都有非常強烈的感受，所以深有同感。雖然我不是第一次聽到「宇宙聯盟」這個詞，但剛才再次聽到時，我心中又湧現新的能量，身體感覺到一陣衝擊。

（在日語翻成英語的過程中）

巴夏 請稍等一下。

（沉默片刻）

妳是科學家嗎？還是有從事哪方面的研究？

Q3 我沒有做科學方面的研究。

（沉默片刻）

巴夏 那妳是飛行員嗎？

Q3 不，我不是。

（沉默片刻）

巴夏 如果能搭乘太空船前往宇宙，妳會覺得很暢快嗎？

Q3 會啊。我一直很想成為飛行員，也非常嚮往宇宙。

巴夏 妳有想過駕駛太空船嗎？

Q3 有。

巴夏 我能感覺到妳是太空船的駕駛員。因為我也是飛行員，所以能感應到類似的能量。我能感受到妳的波動。

飛行員比其他職業更需要了解波動，因為飛行員是透過了解波動來操縱太空船的。妳的意識波動和太空船本身的意識，是緊密連結在一起的。所謂的太空船，本質上跟共鳴箱沒有兩樣。當然我是指我們的太空船，而非地球上的。妳能明白我在說什麼嗎？

Q3 ……。

剛才有股非常舒暢的波動、震動襲上全身，讓我的腦袋暫時一片空白。

巴夏 「space out」（放空）也是飛行員的一個特徵呢（※因為「頭腦一片空白」被翻成英文「pace out」，而「space」也有「宇宙」的含意）。所有的症狀妳都有呢。

太空船／space ship, craft ship

對我們來說，太空船和不明飛行物體（UFO）幾乎是同義詞，但對巴夏他們來說當然不是不明，所以他們都稱之為「我們的飛船」（Our Ship, Our Craft），而且還多次解說太空船的航行方式（有時甚至會提到太空船的材料和物質成分）。

若要了解巴夏他們的飛船如何航行，首先必須對「位置」這個概念有全新的認識，也就是「位置並非物體存在的空間或地點，而是指物體具備的性質」。

巴夏在本書也解釋過：「所有物體都具有特定的振動頻率。」由此可知，如果將「位置」視為物體的性質，同一個物體在A地點和B地點的振動頻率自然也會不同。

巴夏他們只要將太空船在A地點的頻率改成在B地點的頻率，就能從A移動到B。在振動頻率的方程式中，當表示位置的變數從A轉換為B時，太空船將無法繼續留在A，而是在B瞬間重現。

那麼，要怎樣才能讓太空船的振動符合目的地的頻率呢？這就得仰賴讓波動共鳴、共振的技術了，畢竟宇宙萬物都會發出振動。

在巴夏他們的太空船中央，有個按照適當比例建造的共鳴用空房間，能夠接收某種高度能量。當他們對房間進行操作，將振動調成特定頻率，就會產生共振，讓振動擴散至整艘飛船。在前文也有「飛行員是透過了解波動來操縱太空船」的敘述。巴夏曾揭露，飛行員配備的電腦具有自主意識，能從時空中推算出各種位置的頻率。電腦和飛行員一同作業，讓共鳴室產生代表目標位置的振動頻率，進而引發整艘太空船的共鳴。等太空船的整體頻率和目標位置達到一致後，飛船就會瞬間移動到那個地點。

Q3 我很容易感受到別人的波動。

巴夏 妳對能量和波動非常敏感，無論哪種波動都能敏銳地感知到。在地球上，只有寥寥幾人能將地球現有的科技提升到能真正建造太空船的水準，而妳剛好就是其中之一。雖然可能要花點時間，但這是妳在一生中能夠達到的目標。當然，前提是妳也要對這件事感到興奮才行。妳在地球上的名字叫什麼？

Q3 Kazue。

（沉默片刻）

巴夏 在我們的星球上，有一位妳的分身。所以，我能感受到妳。妳知道嗎？

（提問者發出類似呼吸困難的聲音）

Q3 我沒事，只是剛才情緒有點激動。

巴夏 今天就到這裡吧，妳先緩一口氣。看來妳收到的資訊，已經達到目前能處理的上限了。謝謝妳願意跟我分享這一切。

Q3 可是我還有問題想問……。（笑）

巴夏 妳真的覺得需要問嗎？如果妳真的想問，就問吧。

Q3 我想請教關於莫比斯環（Möbius strip）的事。我覺得這個宇宙很像莫比斯環……。

巴夏 妳說得沒錯。這個宇宙沒有起點，也沒有終點。

（沉默片刻）

還有其他問題嗎？

Q3 （感覺已經無話可說）沒有了，謝謝！（笑）

巴夏 我也很感謝妳，我的飛行員夥伴。（笑）

重點整理

Q3 **非常容易感受到波動。**

A 妳是太空船的駕駛員。飛行員比其他職業更需要了解波動，因為飛行員是透過了解波動來操縱太空船的。

Q4 總是會選擇困難的那一方

Q4（女） 我總是會忍不住想選擇困難的那一方。

巴夏 為什麼？那會讓妳感到興奮嗎？

Q4 比如說要是我生病，就會想自己或許能透過這場病，發現以往沒想到的其他想法，或學到一些東西。

巴夏 這樣啊。妳能改變看法，將乍看像是負面的事物轉為正面。你們每個人都有這種才能。

Q4 但我不想再這樣了。

巴夏 妳累了嗎？

Q4 是有點……。（笑）

巴夏 不過我希望妳能明白，也有人甘願選擇這樣的路。他們是懷著期待，選擇從討厭的事做起，只希望最後能留下好的成果。

（用誇張的語氣）

這樣的他們，真的很有創造性！（笑）

所以，第一步就是不要認為這麼做的自己很失敗。當然妳應該不會這麼看自己才對。另外還有一點，**就是要知道自己有可以不必受苦，就能得到想要的一切的價值**。

在此同時，人生中也會出現自己想要的挑戰，能幫助妳成長。有時候，這些挑戰看起來困難重重，是因為妳從小被灌輸「這不是挑戰，是困難」的思維。所以**首先要記得，所有狀況都是中立的，沒有原本預設的意義**。

無論狀況看起來如何，妳都能自行賦予意義。無論是正面還是負面，都是妳自己下的定義。無論表面上看起來如何，只要賦予負面的意義，就會變困難。然而，一旦被賦予正面的意義，事情就會從困難變成挑戰，讓妳能帶著興奮的心情去行動。妳在每種狀況下得到的結果，都百分之百取決於妳給那個狀況賦予了什麼意義。

到這裡，妳有聽明白嗎？

Q4 有。

巴夏 那麼，這次輪到我來問妳問題了。準備好了嗎？妳知道我想問什麼嗎？

Q4 這我就不知道了。

巴夏 那我來幫妳一把。

當人覺得「自己的人生充滿困難」時，是因為他沒做最令自己興奮的事。

所以，我想問妳這個問題：「妳在人生中有盡過最大的努力，去做最讓自己興奮的事嗎？」

Q4　答案是「有」，還是「沒有」？

巴夏　該怎麼說呢，我找不到能讓我興奮的事。

Q4　我不相信有這種事。

對以前的我來說，透過克服困難使身心獲得成長，曾經是令我興奮的事，但現在我已經有點累了。

巴夏　那麼，現在會讓妳感到興奮的是什麼？不是目前正在做的，而是妳想做的是什麼。

Q4　現在的話，是達成精神上的獨立。

巴夏　妳所謂「精神上的獨立」是指什麼？

Q4　我屬於習慣依賴別人的類型，感情也容易受傷……。

巴夏　不是這樣的，妳只是選擇相信「自己容易受傷」而已。是妳選擇了這個信念，這之間有很大的差異。

既然妳說在各方面拚命努力讓妳感到疲憊，那妳首先應該做的，就是不再選擇相信「自己容易受傷」。

如果妳說自己感受性非常強，那我相信。當妳說自己「感受性很強」

時，力量會回到妳身上。當妳說自己「感受性很強」時，妳會和內在的創造性取得連結。

然而，當妳抱持「感受性強等於容易受傷」的信念，妳就會得到容易受傷的結果。如果能利用感受性強這一點讓自己變更強，妳就能腳踏實地，成為真正自立自強的人。

剛才我問妳：「有什麼不是妳目前正在做，但讓妳感到興奮的事？」就是想知道有沒有能讓妳樂在其中的創造性行動。

難道妳人生中就沒有任何夢想，或想做的事嗎？

Q4 我懂了！雖然不是什麼很具體的目標，但以前我總是接受別人的付出，所以將來我也想對別人有所貢獻。沒錯！這的確讓我很興奮！

巴夏 那妳想做出什麼貢獻呢？妳想怎麼付出，怎麼分享呢？妳有什麼可以給予別人的呢？只要把這些想清楚，就能慢慢回到正軌了。

Q4 有什麼可以給予的……，如果用您的說法，應該就是「至高無上的愛」吧。但我現階段應該還做不到這種程度。

巴夏 妳可以想想要用什麼方式來分享，或是能透過什麼行動來給予。我想問的就是這個。

巴夏　可是我不想太突顯自己的感情或自我……。

Q4　我想知道的不是妳不做什麼，而是要做什麼。如果只將意識集中在不做的事情上，妳的行動自然會偏向不做那一方。妳究竟想做什麼呢？**妳打算透過什麼形式或行動，具體表現妳想分享給別人的感覺呢？**比其他事物都更能帶給妳喜悅的是什麼？是某個領域的工作？還是某個專案，某個企畫？具體來說到底是什麼呢？

巴夏　說到工作……，我好像從一開始就不太喜歡工作。

Q4　我要問的不是這個。我要問的是，妳的夢想是什麼？妳究竟有什麼夢想？我不是在問妳想不想工作。如果那是自己真正想做的事，做的時候甚至不會覺得那是工作。請不要為自己的答案設限，只管說出妳的夢想是什麼，妳想做什麼就好。

巴夏　所以，我只要把腦中浮現的想法說出來就好嗎？

（露出有點吃驚又忍俊不禁的表情）

Q4　請告訴我以前不曾冒出來的想法，這樣更有創造性。當你們開始思考自己的夢想時，以往遭到壓抑的想法會先冒出來。那些想法之所以受到壓抑，原因有很多。像是「這樣太蠢了」、「這樣賺不到錢」、「做這種事會被看不起」、「這樣很幼稚」、「在現實中沒人會這麼做」等。

Q4 怎樣，有沒有想到什麼了？不要有任何限制。妳目前在做的事情中，有沒有什麼能讓妳真正感到興奮和快樂呢？

巴夏 我喜歡動物，像貓咪之類的，還有小孩。

Q4 那麼和動物、貓咪、小孩在一起時，妳想做些什麼？

巴夏 想一起玩耍。

Q4 那妳想怎麼玩呢？如果和動物或孩子一起做某些事，就能讓妳賴以為生，妳想做什麼？妳會想把那件事當成工作嗎？那是妳目前所能想到最令自己興奮的事嗎？還是另有其他呢？

巴夏 如果能做到，我應該會挺開心的。

Q4 不是「如果能做到」，而是「當然做得到」！什麼事都有可能發生！

巴夏 可是我沒有相關的資格。

Q4 那妳有想過「想做做看那個」嗎？

巴夏 有。

Q4 **只要妳這麼想過，就已經有足夠的資格。**

當妳走上那條最感到興奮的道路時，就能吸引到必需的工具、知識和人脈。**至於祕訣，就是在每個當下，在自己的能力範圍內，將最令你興奮的想法付諸行動**。

在當下從周遭選擇最興奮的事來做，下一個興奮的事物就會隨之出現，如拔地瓜般一個又一個接連出現。因為令人興奮的事物全都彼此相連。只要做最感到興奮的事，需要的資源自然會源源不絕而來，甚至還能自行創造資源。這是因為當妳們對某件事物感到興奮時，都是有理由的。最讓妳興奮的事物是在提醒妳：「這才是真正的妳。」那就是你們用「興奮」來表現的心情和感覺。

所謂興奮的心情，是一種讓人充滿狂喜，感覺自己成為造物主的波動。當你們以這種頻率振動時，宇宙唯一能做的就是給予支持。

快想起來吧。給什麼就得什麼。這是「創造」的唯一法則。不論在哪個維度，哪個地點，對象是誰，這都是唯一通用的法則。

給什麼就得什麼。所以當妳以興奮的頻率振動，朝著最感到興奮的方向展開行動，就會得到令妳興奮的現實。這樣妳明白了嗎？

Q4

明白了。

巴夏　是不是開始有興奮的感覺了？

Q4　我剛才只是拚命想聽懂您的話，至於有沒有興奮，我還不太清楚。

巴夏　聽到「只要想做就可以做到」，妳不會感到興奮嗎？而且只要妳這麼做，永遠都能得到支持。怎樣？有沒有興奮的感覺了？我想應該會有才對。

（笑）因為我就是這樣生活的。

當然我不是說妳也必須這樣。如果妳覺得困難更讓妳興奮，那也很好。

一切都取決於妳自己。

Q4　所以說，不是努力讓自己感覺興奮，就能一切順利，而是要自然地萌生那種心情才行，對吧？那是不是等自己自然地產生那種心情就好呢？

巴夏　這不是靠努力就能得來的，所以妳說「不是靠努力就能得到」是對的。

妳能吸引到有利的狀況，能讓妳毫不費力就學到必須學會的一切。妳會在該在的地點，該在的時間，自然而然地明白自己必須學會的一切。

這叫作同步性（synchronicity），也可以稱為「時機」。這會自動發生，因為你們都是自動造物主（Automatic Creator），不用思考也能持續創造。

這樣妳明白了嗎？

Q4 明白了。非常感謝您。

巴夏 我也很感謝妳。這真是一場非常興奮又刺激的對話呢！

（笑／掌聲）

重點整理

Q4 **總是會選擇困難的那一方。**

A 當人認為「自己的人生充滿困難」時，

那是因為他沒有做最讓自己興奮的事。

要知道自己有可以不必受苦，就能得到想要的一切的價值。

只要你有想做的事，就有充分的資格去做。

巴夏與我④……鹽野智彥

透過「起源」和「巴夏」察覺到虛假的興奮，現在正騎著公路車環遊日本

◆相遇的契機是什麼？

我和巴夏的第一次相遇，大約是在三年前。當時我配合公司的人事調動，從東京調到神戶。由於工作環境和職務內容跟之前截然不同，做起事來處處掣肘，令我苦惱萬分。

在這之前，我透過實踐成功學成為全日本排名第十一的業務員，更是公司表揚名單上的常客，在自己和他人眼中，都稱得上是佼佼者。當然我也經常在週末和假日加班，還深信不疑地想：「這才是上班族的光榮之路。」

然而，當立志登上全國排名的我終於圓夢時，卻完全沒有開心的感覺。另一個清醒的自我似乎在向我抱怨：「這根本不是我想要的。」隔年，公司把我調到神戶，希望我能簽下大客戶。在神戶，我過去的技能幾乎派不上用場，從「有能的員工」淪為「無能的員工」，每天過著鬱鬱寡歡的生活。後來我漸漸變得無精打采。從進公

司以來，這是我第一次開始討厭上班。

我把這個情況告訴朋友，他建議我去接觸「起源」*和「巴夏」。我抱著死馬當活馬醫的心情，立即報名「起源計畫」課程，也購入巴夏思想的精華合集《BASHAR 2006》來閱讀。後來我赫然發現這兩者有個驚人的共同點，就是強調「追求興奮是最重要的」，讓我留下深刻的印象。

◆為人生帶來的最大衝擊是什麼？

巴夏影響我最深的，就是「只要追求興奮，一切都會順利」的信念。雖然巴夏一直強調「興奮」的重要，但每當我試圖在現實中實踐時，「這樣做會挨罵」、「那麼做家人會反對」之類的「信念」總會從中作梗，讓過程變得困難。另外，上過起源課程後，我也發現有許多人因「興奮」一詞較為抽象而產生誤解，以及自己以前追求的，其實只是虛假的興奮。

---

*起源（The Source）：一個幫助每個人發現自己的興奮，在生活中加以運用，使人生更充實的計畫。由已故的麥克．麥克納馬斯（Mike McManus）耗費35年完成。內容充滿能讓人產生力量，朝自己理想的方向推動人生的具體技能。

童年時，父母教導我什麼是「理想的人生」；求學時，老師教導我要如何「成為優秀的大人」；就連在朋友的心目中，也都有一套「何謂成功人士」的定義。為了博得父母的歡心、師長的讚賞、同儕的認可，我曾經以自己的方式努力解讀那些標準，拚命追求他們眼中的「價值」，到如今才發現，那根本不是自己發自內心想追求的目標。這也就是為什麼當我擠進全國業績排行榜時，會一點也不開心了。

順帶一提，我選擇的興奮是騎摩托車。不知為何，我就是對騎車情有獨鍾。起初我是買輕型摩托車，等考到重型機車駕照後，我先換成1300cc的摩托車，結果才半年又換成1000cc的越野摩托車。每當我實踐一個興奮，更高層次的興奮就會跟著出現，如連鎖效應般接二連三。

以我為例，我不只愛騎摩托車，也喜歡囤積露營裝備，獨自去山中露營。我當初會換騎越野摩托車，也是為了露營方便。考到駕照後，我花了約三年時間，將沖繩以外的日本各縣市跑透透。現在我又換騎公路自行車，再次踏上環遊日本之旅。

◆巴夏的思想對你人生的哪個層面造成影響，又提供了哪些幫助？

巴夏的想法從根本顛覆了我對生活方式的概念。自從我開始實踐真正的興奮後，整個人的神情和態度也產生了變化，身邊的人紛紛稱讚「你看起來朝氣蓬勃」、「你真的很享受人生」。令我意外的是，不但有人打心底喜歡聽我的「冒險故事」，也開始出現模仿我的追隨者。除此之外，我的交友圈也煥然一新，現在身旁圍繞的都是跟我有共同愛好、相談甚歡的好夥伴。

◆巴夏有說過什麼令你印象深刻的話，或是值得推薦的地方嗎？

這個問題最難，因為答案是「全部」。（笑）不過我還是建議大家，可以先從你們能認同，有共鳴的部分開始實踐。就算半信半疑也無妨，只要親身實踐過，你們就會知道巴夏所言不虛，對那些話更有信心。

巴夏曾說：「是信念創造自己。」他說得沒錯，自己的「成見」真的會創造現實。所有事件都是中立的，賦予意義的人始終是我們自己。他這些話深深打動我的心，讓我拋開「摩托車很危險」、「只有不良少年才會騎」的成見，去考取重型機車駕照，邁出追求興奮的一大步。

一旦邁出追求興奮的第一步，就能接著跨出第二步、第三步，因為只要順勢前行就好。我認為除了熟讀文字內容外，「試著身體力行」更為重要。

鹽野智彥（Shiono Tomohiko）

一九六九年七月生。任職於保險公司，現居水戶市。念小學時，對ＵＦＯ和念力產生濃厚興趣，不但沉迷於相關書籍，也對釋迦牟尼的話語深有所感。大學時期自學榮格心理學，曾任日本全國大學聯合活動的執行委員長。目前正騎著公路自行車環遊日本。

就算你以為自己正依循興奮的心情行動，
也可能會受到自身的信念誤導，
做出完全相反的事——
因為這時你依循的，其實是虛假的興奮。

巴夏與我⑤……………入江富美子

和巴夏一起工作?!突然接收到使命，開始製作為宇宙增加更多感謝的電影

◆相遇的契機是什麼？

大約在一九九五年，從事服飾業的我獨立出來創業，卻因此搞壞身體，之後就開始對自然療法產生興趣。我至今仍清楚記得，當時受到的文化衝擊有多麼巨大。不過我和巴夏相遇的契機倒不是書籍，而是通靈會的錄音帶，至於書是後來才買齊的。

◆為人生帶來的最大衝擊是什麼？

我印象最深的，是巴夏說當我們帶著興奮的心情生活時，支援的能量就會到來。雖然當時我剛因為新工作而獨立出來，但或許是常聽錄音帶的關係，我在工作中很少感到不安，總是興奮地投入其中。後來我充滿熱情的工作態度讓機會主動上門，根本不用自我推銷，工作就接到手軟。當時我就深刻地體認到，只要在興奮的波動中生活，一切都會一帆風順。

那陣子我從早到晚都在聽錄音帶，連睡覺也不放過，有時甚至會興奮到忍不住想：「興奮成這個樣子，會不會被巴夏發現啊！」後來某天晚上，正當我如往常一樣聽著錄音帶，帶著興奮的心情入眠時，沒想到猛一回神，眼前竟飄浮著一大束迷你玫瑰，而且那金屬包裝材質一看就知道不是地球的產物！我目瞪口呆看了好一會兒，花束就從左側慢慢消失了。我當然非常驚訝，還一度懷疑是錯覺，神奇的是，我很快就坦然接受，告訴自己：「是巴夏來打招呼了。」

在這個奇妙的經歷後，我還是繼續向大眾介紹巴夏美好的訊息、書籍和錄音帶。就這樣過了幾年後，突然有人問我：「妳是和巴夏一起工作吧？」當時我聽了非常開心。畢竟我過著興奮的生活，又把興奮傳遞給許多人，或許這就是我和巴夏一起做的工作吧。

◆巴夏的思想對你人生的哪個層面造成影響，又提供了哪些幫助？

在我離開服飾業、成為治療師後，巴夏的資訊依然給我很大的幫助。我很清楚該聚焦在何處，如何提供協助，也很熱愛在個案身上挖掘可能性，並幫助他們實現。另外，巴夏說過人生中發生的每件事都沒有意義，會有什麼感受也是自己的選擇。這對身為治療師的我而言，也是非常重要的觀點。

萬萬沒想到的是，我的人生卻在這時迎來急轉彎。二〇〇五年除夕，我忽然感應到一個訊息：「妳要製作能為宇宙增加更多感謝的電影！」收到這個使命後，我連忙拿起家用攝影機，開始拍攝。其實在祖母離世後，我便察覺到自己缺乏感恩的心。不過我沒有自責，而是選擇承認「這就是我」。就在承認的瞬間，無盡的感謝泉湧而出，讓我頓時充滿幸福。那種興奮到身體簡直快發光的狀態，就跟聽巴夏的錄音帶時感覺到的沒兩樣，甚至還更強烈。

雖然我對拍電影一竅不通，無知到可笑的地步，卻依然堅信：「那部電影已經存在於未來，給許多人帶來感動，我只要把它帶來這裡就好！」在拍攝的過程中，我一次次體會到「當你活在興奮中，支援就會到來」的真正意義。例如當我終於完成心心念念的詞曲，正想著希望有人能幫忙用吉他彈奏時，馬上就遇到合適的人選。還有，當我決定邀請DNA的權威村上和雄先生寫幾句話並開始著手後，竟然當天就遇到能幫忙引薦的人！

另外，或許是因為巴夏的能量已完全融入了我，每當發生「困擾」時，我都能自然地以正面的態度去看待和行動。例如，遇到某位記者原本說要參加試映會，後來卻以「這沒有醫師或科學家的理論支持」為由取消採訪時，我告訴自己：「這代表要讓這部電影走向世界，還有很多事可以做！」反而帶來滿滿的能量，讓我能順勢突破困境。

◆巴夏有說過什麼令你印象深刻的話，或是值得推薦的地方嗎？

巴夏曾說：「世界上發生的一切都是中立的，賦予意義的是你自己。」真的非常有道理。他告訴我們，人生就是一連串的選擇，而我們是自己人生的掌舵者。我覺得這個訊息很重要，讓我們能站在「不當人生的受害者，眼前的現實其實是自己選擇」的觀點來看事物。

此外，當我在洛杉磯問巴夏關於使命的問題時，他是這麼回答的：「你的使命，就是做你自己。」我想巴夏應該是想提醒我，做原本的自己才是最強大的，每個人都是特別的存在。我們原本就具有興奮、獨特和快活的部分。我能感覺到巴夏想提醒我們，若要想起原來的自己，那些部分就是關鍵。

入江富美子（Irie Fumiko）

電影導演。為了突然感應到的使命，陸續攝製《¼的奇蹟～真實的故事～》、《光彩～光的奇蹟～》和《從天空俯瞰》（以上暫譯）等電影。《宇宙的約定》製作人。作品曾在日本的一千多家戲院及歐美等四十多個地區上映。著有《¼的奇蹟～另一個真實的故事》。

●電影發行團隊「Heart of Miracle」官方網站：https://www.heartofmiracle.com/

●部落格「小富的『想為宇宙增加更多感謝♪』日記」：http://fwhoy.dtiblog.com/

每個環境和狀況基本上都是中立的，
其意義取決於你注入了什麼能量。
給什麼就得什麼。
所以，你要堅持相信每個狀況都有肯定的意義，
並將肯定的能量注入其中。

CHAPTER 4

1、3、5、7顯化法則

「1」：一體性

最重要的基本原理

不知道今天這個時間，各位心情如何呢？

在開始本次的交流前，我要先感謝各位促成這次的交流機會。

今天我要提供給各位的資訊，是屬於非常需要聚焦的主題，過去我們曾多次談過這個主題的基本部分，就是你們「在自己創造自己的現實」。

我們一直都在強調，你們是真的能創造符合自己理想的現實。我今天要將那些概念全部整合進來，在實際演練中塑造出更強力的形式。

此外，為了讓各位能確實在人生中創造出自己想創造的變化，我也會將所有能做的事加以細分，逐步進行。只要你們能按部就班，腳踏實地，仔細執行這套方法，就一定能獲得成果。

我們將這套方法命名為「1、3、5、7顯化法則」，也可以簡單一點，直接叫「引發改變的工具」。既然名稱有「1、3、5、7」，顧名思義就是分成四個部分。接下來，我先從「1」開始說起。

「1」的原理，就是一體性（Oneness）。意思是你們是一個完整的存在，是包含一切的存在。

你們要明白自己是一個完整的存在，是包含一切的完整存在。了解這一點後，剩餘的「3、5、7」部分就能極有效率地引導出結果來。所以這個最初的原理「1」，可說是最重要的部分。請讓你們的意識依循這個原理，逐步合而為一。

另外，關於我在這裡提供的資訊，你們只能吸收在某個層面上需要的部分，不多也不少。所以，就算覺得還有點不太明白，也不必擔心，只要放鬆身心，懷著輕鬆的心情聆聽，並且相信自己會在某個層面上確實地接收和吸收到資訊就好。

你們要相信，自己一定能在需要的時刻，確實地收到必要的資訊。這個原則也適用於第一部分的最初階段。

不要只運用理智，而是用整個自己來聆聽。

請各位務必拆除表意識和潛意識間的那道隔閡。

不再需要潛意識了

接下來，我要從「你們只是一個意識」開始說明。

各位所說的無意識或潛意識，其實本質上並不存在，只是你們這樣區分和使用而已。

為了體驗物理現實，你們刻意在聚焦意識的部分設下了限制，因此創造出看不見，感覺不到的部分。

然而，創造出潛意識部分好幾千年後，你們徹底遺忘潛意識是沒必要的部分，依然積習難改，繼續使用。其實你們現在已不再需要這個部分了。

哪怕原本封存於潛意識中的一切，開始如冒泡般一點點浮上檯面，也已經不要緊了。開始浮出表面時，你們可能會感到一絲恐懼。但這樣也無妨。就算感覺有點不自在，也無須在意。那只是發現前所未見的自己而已。沒什麼好怕的。

說到底，凡是能在現實裡發現的事物，沒有任何一樣不是你們意識的一部分。所以，各位大可以放心地發掘自己的一切。

把自己視為「一體」的簡單方法

把自己視為經過統合的單一存在，有個最簡單的方法，之前我也不厭其煩地強調過很多次。

在各位的人生中，有個最重要的基礎原理，那就是**活在自己的夢想中，將最感**

到興奮的事付諸行動。

理解這個原理和感覺非常重要，所以我要再稍微說明一下。

人生中所做的一切、一切、所有一切，都取決於你們允許自己感受多少真正的自我。

越允許自己做最興奮的事，你們的人生就會變得越簡單，越順利，而且自我統合的程度也會越來越高。

這種興奮的感覺不單是行動上的亢奮，也可能化為內在的靜謐，以及取得平衡的祥和。無論是行動上的亢奮感，或是在靜謐中的感覺，都會伴隨著「我不是一無所知」的踏實感。

所以在這裡，我希望各位能理解，這種興奮的心情就是你們自然存在的狀態。**所謂「活出百分之百」的狀態，就是明白這是自己真正的面貌，並活在這個夢想之中**。

除此之外的其他狀態，全是對真正自我的否定。

只要各位了解做最感到興奮的事，就是真正的自我，並勇於付諸行動，宇宙就會不吝給予支援，讓你們毫不費力地做那些事。

但話說回來，這也不代表你們就必須擁有讓自己興奮的工作或計畫。你們只要在每個當下都選擇最令自己興奮的事，展開行動，那些事就會開始陸續發生。

假如你有個感到興奮的工作或計畫，卻還沒開始執行，也只要持續將每個當下最興奮的事化為行動，自然就會和那項工作或計畫產生連結。因為所有令人興奮的事物和心情，都是互相連結的。

在今天的談話中，我會針對以下兩種方式進行解說。

一個是在每個當下做最令自己興奮的事，另一個則是如何追求那唯一一個最讓自己興奮的夢想。

巴夏的關鍵字

恐懼／fear

人類之所以無法朝夢想邁出第一步，往往是因為恐懼。如果你想活在熱情中，關鍵就在於放下恐懼，所以巴夏才說必須幫助人類擺脫恐懼。在本書中，巴夏也巧妙地引導讀者放下恐懼，不再害怕別人的批評。巴夏也提到，人類經歷的種種問題，包括金錢、伴侶關係、健康等，其源頭都是恐懼帶來的分離焦慮。

不過，巴夏並不會以「好／壞」來評判事物。看到我們對恐懼本身感到恐懼，他說「就算感到恐懼也沒關係」、「恐懼不足以為懼」。不僅如此，他還主張恐懼是敲響意識之門的信使，意在提醒我們：「你有信念偏離了原本的自我。」只要明白這一點，恐懼將不再是障礙，並具有正面的意義。

「妨礙你的不是恐懼本身，而是對恐懼的恐懼，對恐懼的不安。」

那麼，要如何才能放下恐懼，將恐懼用在正面的方向呢？首先，我們要直視恐懼，將負面信念轉換為可理解的正面信念。當我們明白不管心中出現什麼負面信念，都能轉負為正時，對自己無須為恐懼感到恐懼的信念，就會越來越堅定。

關於恐懼，巴夏也曾經從完全不同的觀點，語帶深意地這麼說：

「幾千年來，你們一直害怕自己的力量，擔心如果使用這個力量，是否會再次導致毀滅。畢竟過去的確發生過這種憾事，也難怪你們會害怕自己的力量，擔心可能重蹈覆轍。不過，只要你們知道自己是創造的一部分，讓自己的光芒覺醒，就會知道自己將不再把力量用於破壞之上了。」

經過統合的人，分開來看的人

但是，比這些都更優先的，還是第一步驟。

你們要感覺自己是一個完整的存在。

百分之百絕對相信「我很清楚自己是這樣的人」。

雖然之前已多次強調，我還是要不厭其煩地再說一次。

我說的百分之百絕對相信，並不代表非得學習什麼方法不可。懷疑並非缺乏信任。所謂的懷疑，是指百分之百相信自己不期望的現實會發生的狀態。

所以，當你們想百分之百相信自己期望的事物時，其實也不必重新學習信任的方法，只要從非自己期望的事物上轉換方向，將信任改放到期望的事物上就好。機制是不會變的。

付出百分之百的信任，本來就是你們的特質。你們時時刻刻都是百分之百地相信。所以，要百分之百相信什麼呢？你們只需要確定相信的對象就好。

有人將自己視為已經統合的存在，也有人將自己視為從萬物中分離出的一部分。這兩種人眼中的現實，可說是截然不同。

如果把自己視為分離出的一部分，這種人會說：

「這件事令我非常興奮，但這個部分的我不敢去做。為了安全起見，這部分還是維持就好。我有一部分相信自己辦得到，但這一部分又覺得窒礙難行。」

另一方面，經過統合的人知道自己不是「一部分這樣，一部分那樣」的存在。即使出現「一部分這樣，一部分那樣」的歧異，這種人也會以「百分之百」為前提去看每件事。

做自己想做的事，是百分之百的現實。

做自己不想做的事，也是百分之百的現實。

至於同時做想做和不想做的事，也不是各占百分之五十，而是另一個百分之百的現實。這跟剛才的「做想做的事的現實」或「做不想做的事的現實」並無關聯。即使是同時做這兩種事，也算一個現實。

在現實的定義中，這些都已經完結了。

往興奮的方向變化，才會安全順暢

接下來我要說的內容非常重要，請務必仔細聆聽。

所有的信念都是自圓其說。

為什麼說是自圓其說？因為每個信念在創造時，都是以看起來像「只有這個信念才是真相」為前提。

這會讓你們以為除了那個信念外，其他現實都只是幻覺和想像。

所以，當你們做厭惡的工作時，厭惡這工作的想法和能量會誤導你們，讓你們以為要把這個信念換成其他事物會很困難。

「但是，只要繼續做下去，還能勉強圖個溫飽。如果辭職，那我要怎麼活下去？要怎麼討生活？目前除了這個工作外，我看不出有其他方法可以維持生計。」

但之所以看不出來，是因為你在做現在不想做的事。這行為本身會妨礙你，讓你察覺不出靠其他工作維持生計的可能性。因此，如果想知道能不能靠其他工作維生，**最簡單的方法就是不管三七二十一先做再說**。

請回想一下，宇宙中唯一不變的，就是「改變」。

或許耐著性子做不想做的事，看起來會比做最想做的事更穩當；或許維持這個做法，看起來會比改變更穩定。但事實並非如此。

讓自己朝最興奮的方向去改變，才是最穩妥、安全又簡單的做法。

只要是無法表現真正自我的事物，不是最讓自己興奮的事物，到最後都會令人疲憊。試圖成為自己以外的某個人，最終都是徒勞一場。

我不否認，改變的確會帶來挑戰。但朝著讓自己最感到興奮的方向改變，並不會為你們帶來痛苦。

當然，前提是你們不能去抵抗那些變化。如果變化讓你們痛苦，那不是變化帶來的痛苦，而是抵抗變化的結果。那是緊抓著舊時陋習和信念不放的後果。

當你們不帶抗拒，主動朝興奮的方向開始改變，一切行動都會變得非常簡單，順暢無阻。

你們只要張開眼睛，選擇信任，走上讓自己興奮的道路，就會發現所有狀況、機會都會變得更容易掌握。

同時你們也會開始知道，即使做最興奮的事，也足以維持生計，養活自己。

作為經過統合的存在，展開行動

所以，請勿將自己視為由各個不同部分組成的存在，而是把自己當成一個經過統合的完整個體。

你們要拋開「我的這一部分想這麼做，那一部分想那麼做」、「我的這部分想做這個，那部分想做那個」的思維。

無論每個當下的自己感覺如何，想做什麼，是正面還是負面，都要把自己視為完整的單一個體，以此為前提去做那些事。

「身為一個完整個體的我，現在想做這件事。」

「身為一個完整個體的我，在這個當下選擇這麼做。」

自我並不是用一個個獨立的部分拼湊而成。當你想做某件事時，請不要在心中靠想像創造一小部分，以「是這部分在扯我後腿」為由妨礙自己，也不要說：「我有九成想去做令自己興奮的事，但剩下的一成還不確定該怎麼做。」

如果認為有一成的自己還不確定，請直接當成整個自己都不確定。這樣一來，基於這個前提所做的決定，就是整個自己下的決定。

如果不這麼做，你可能又會想拚命分析自己的其餘部分，找出是哪個部分出了什麼問題。

若要將可能形成自我的每個部分都集齊，最快的方法就是**開始將自己視為經過統合的存在，說話和行動時都要以此為前提**。

無論做什麼決定，都當成是整個自己所下的決定。這麼一來，就算內心仍抱持負面信念，經過統合的整個存在還是能接納那些信念。即使在某個當下產生自己不期望的感覺，也不要否定那個當下的自己。請把那個自己當成是自己的整體來認同，這種「認同」非常重要。

除非你認同自己的所有部分，告訴自己「這些全都是我」，不然就無法改變。你無法只改變一部分，那是不可能的。即使你自認只改變某部分，此舉也必然會影響整體。所以不是只有一部分，而是整體都變了。

連結是從哪來的？

關於這點，我來舉個例子說明。

請在腦中想像一個骰子狀的藍色立方體，它有六個藍色的面。

現在，請想像其中一面變成紅色。

從分離的觀點來看，這是同一個立方體，只是一面變了色。但從統合的觀點來看，六面藍色的立方體和五面藍、一面紅的立方體，是兩個完全不同的立方體。

不管發生任何改變，對這個立方體的概念都會變得完全不同。如果以這樣的觀點看事物，會得到什麼好處呢？

各位都是巨大的多面體水晶，擁有無數個面。先假設其中一個面發生了變化。從分離的觀點來看，你們可能會覺得自己是如此巨大的存在，只改變這一小部分算不了什麼，想全部都變還有漫長的路要走。然而，即使只有一面變了，如果你能因此把自己視為一個全新的水晶，還真不知道改變可以迅速到什麼程度呢。

一個有一千個藍面的水晶，和一個有九九九個藍面及一個紅面的水晶，是兩個截然不同的存在。這兩者的關聯，只有你們腦中定義的「這兩者有關聯」。從這個當下開始，這兩個水晶除了你們自己賦予的連續性外，其實已經完全不相干了。

請仔細思考這代表什麼含意。

不論在哪個當下，自己在每個當下創造的微小變化，都能改變整個自我。

你們不必受過去的任何事物束縛，從下個瞬間開始，你們就能成為全新的存在，可以展開全新的行動。

這並不是某種哲學思想，也不是什麼利己的話術。

各位是由意識所構成，一旦有了變化，不論是什麼改變，你們都會成為全新的不同存在。而新的你和舊的你之間的關聯，就只有自己腦中相信的「有這種關聯」而已。

信念每時每刻都在重塑

不過，這裡有一點非常重要，希望各位務必理解。

那些和非自己期望的過往現實有關的信念，其實也不是來自過去的現實，而是在每個當下都更新的你之中重塑出來的。

正因為你不斷重塑「跟以前有關聯」的信念，才會讓現在的你和過去的你看起來有連續。

然而，就算你現在持有和以前類似的信念，那些觀念也不是從過去的自己延續到現在的自己身上——你只是再次創造出和舊信念類似的信念罷了。

各位會相信這個信念的唯一理由，是因為你們受的教育強調「在這個物理現實中，時間和空間是連續的」。

當然，你們也可以繼續相信時間和空間是連續的，但既然這信念會連結到自己不期望的現實，那也沒有繼續相信的必要了。

在各位察覺到的所有新信念中，以下這個信念非常重要。

「陳舊的事物並非承襲下來，而是在每個瞬間由自己創造出來的。」

請讓這個信念充分滲入自己內在的每個角落。

只要完全理解這個概念，便能從時間和空間的連續性中解放自己，然後你就可以把自己的所有力量，全帶到這個「當下」。

說到底，你們本來就存在於「當下」，因為這個「當下」的瞬間只會永遠存在。

現在，這個「當下」的瞬間，也是永遠不同的「當下」。這和剛才提到的「當下」，已經是不同的「當下」。只有這個「當下」會一直存在。

這聽起來或許像一種思維、一種哲學，但其實是非常深奧，具有影響力的概念。當你完全明白這一點時，就能理解自己的未來是現在才創造的。不僅如此，就連自己過去的種種，也是現在才開始創造的。

表面上看似和過去有關聯的事物，其實也是你現在創造出來的。

所以，只要改變現在想改變的事物，你的過去也會同時改變。

改變時間連續性的方法

不過，你或許會這麼說：

「就算我改變了，周圍的人還是會記得我過去做的事，該怎麼辦才好？」

我來告訴你們一個祕密吧。其實別人不會記得你過去做了什麼。

好啦，我只是開個小玩笑。（笑）

不過在現實中，的確會發生這樣的事，別人可能根本不記得那些事。如果他們在你的新現實中依然存在，那他們記得的將是新的過去，而你也只會記得自己新的過去。

我不是指你會忘記父母的長相，或者父母會忘記你們。但如果這樣對你有幫助，要到那種程度也並非不可能。不過我們想強調的是，當各位真的有特別想改變的信念時，可以運用這個概念和知識。

比如說，你夢想成為非常優雅的舞者。可是當你回想過去的自己時，卻只有總是被自己的腳絆到差點摔跤的記憶，而你也會想起周圍的人說過的話：

「那個人真的很笨手笨腳，絕對不可能成為舞者。」

接下來我要說的內容，聽起來可能像科幻故事，但實際上是辦得到的，而且也能實際看到結果。過程大概是這樣：

你會將「我以前笨手笨腳」的信念和成見，轉換成「我的舞姿非常優雅」的信念。如此一來，周圍的人會完全忘記你笨拙的樣子，只會記得你的舞蹈多麼出色動人。

這就是改變時間連續性的方法之一。

若你在時間的連續性中再多觀望一下，周圍的人可能還會對你說：

「你以前不是很笨手笨腳嗎？雖然不知道你做了什麼，不過現在倒是跳得很好呢。」

當時間的連續性中像這樣發生某種變化時，旁人通常會在最後加上一句：

「不知為何，你現在看起來簡直判若兩人。」

第一種方式，是大家從一開始就只感覺到你判若兩人的地方。例如，他們只記得你優雅的舞姿。

第二種方式，是大家雖然還記得你以前笨手笨腳的樣子，但會隨著時光流逝承認「你已經變了」的事實。

此外，還有第三種方式。

那些還堅持認為你現在和過去一樣笨手笨腳的人，會開始莫名其妙地從周遭消失。只要有人會增強你已經不再創造的現實，那些人就不會再靠過來。你也會忘記他們的存在。

而變得煥然一新的你，會擁有全新的記憶。

我這是實話實說，沒有誇大。你的確能成為只擁有新記憶的自己。

事實上，就有人能非常確實地做到這一點。一旦到了這種程度，說不定還會有陌生人走過來說：

「你以前是不是參加過我的舞蹈課？那個跳得很好的人，應該就是你吧。」

於是，一段全新的過去，就此誕生。

巴夏的關鍵字

笑／laugh

在巴夏的世界中，已經不再用語言進行溝通（意識中浮現的一切會直接傳達出去），所以無論是口語、文字或肢體語言，似乎都不會使用。不過巴夏說：「雖然我們會純粹為了生命的喜悅和其他各種事而歡笑，但我們也喜歡用你們的語言製造笑點，樂在其中。」在對話時，巴夏也經常語帶雙關，博君一粲。

此外，他也建議我們要多笑，強調笑可以釋放能量，幫助我們擺脫束縛，放鬆身心，回歸自我核心。

在本書中，巴夏也將「笑」列為自我療癒的第一步，強調笑具有療癒的力量，能帶來自信。

另外他也說，在能體驗「高我」視角的靜心練習（一種受困於痛苦或恐懼中，身體無法動彈時非常有效的靜心法）中，假如我們放鬆肉體後仍無法感受幸福，可以試著「回憶或想像好笑的事，逗自己笑」。

「領悟」的英文「enlightenment」也有「變 light」（明亮、輕盈）的含意，所以巴夏才會鼓勵大家要多笑，並告訴我們：「笑能讓一切變明亮。如果想體驗領悟，讓自己變輕變亮非常重要。笑能提高振動頻率。」

順帶一提，巴夏他們似乎經常笑看我們人類，因為在他們的眼中，人類常為了明知是虛妄的事而百般糾結，看起來有些滑稽。如果我們能像巴夏他們一樣，笑笑地告訴自己「啊，這只是幻象」，相信一定能更輕鬆地回歸自我的核心。

「記得常保笑容，盡量嘗試各種笑的方式。」

「我來告訴你們最有效的放鬆方法吧——那就是『笑』。笑是有助於回歸自我核心和放鬆身心的最佳妙方。」

如果有必要，你們甚至能創造出這麼強大的結果。

不過，當你們想創造自己期望的現實時，其實也用不著做到這種地步。我只是想讓你們知道，就連這麼極端的狀況也可能發生。

所以，當你們開始做某件事，遇到跟前述類似的情況時，不必懷疑自己是不是瘋了，是不是周圍的世界哪裡出了問題。

每個人原本就已經擁有力量

現在，請再次牢記以下這些重要概念。

首先，自己是一個完整的存在，是單一個體，單一事件。無論自己做什麼，都是百分之百在做。

在每個當下，你都是存在於自己期望的現實之中，存在於這個當下。這就是所謂的「一體性」。

而我接下來要說的，可能是你們最需要牢記的重點。

當一個完整的自己。

秉持統一性，做自己最想做的事。

不要帶著恐懼去做。不是懷著不安去做。

每個人原本都擁有力量，能在不傷害任何人的前提下，創造出自己期望的現實。

請牢記這一點。這是「1、3、5、7」顯化法則的第一部分。

現在，請用力做個深呼吸，把我剛才說的內容牢牢植入你整個存在之中。然後，對著全新的現實吐氣。（深呼吸）

請相信自己已經完全吸收了剛才的資訊。

「3」：興奮、願景、夢想的力量

接下來，我們要進入下一個「3」的原理。

這些步驟的力量十分強大，可以直接幫助你在人生中創造自己期望的現實，內容包括「看見、感受、徹底成為」。請各位試著理解以下的原理。

你們是仰賴視覺的存在。若有什麼讓自己興奮的事物，你們通常會在做夢或發呆時看到相關的影像。請善用這個能力來幫助自己。

這可以用在每個當下讓你興奮的事物上，也可以用在某個比其他事物都更讓你興奮的計畫上。在這裡，我以短期計畫和長期計畫分別稱之。

短期計畫是指你們在這個當下想做的事。例如你現在想去某個地方，然後去了。大概是這樣。這就叫作短期計畫。當你去了某個地方，做了某件事，就等於完成一個短期計畫。

3-1／看見

首先第一步就是「看見」。

舉例來說，假設你有個計畫、工作或點子，比現在所做的每件事都更讓你興奮。這時你該做的**第一步，就是充分發揮想像力，盡可能描繪鮮明的畫面，最好是全彩的**。趁著在白日夢中發呆時，將整個畫面鉅細靡遺地看個徹底。

接下來，我要舉一個在今天的談話中能用上的例子。

假設最讓你興奮的，是成為跨國企業的老闆。這時你首先該做的，就是觀看自己當上老闆後的景象。這並不是什麼困難的事，對吧？去看自己當上老闆後的情景，應該沒那麼難才對。

你們不必細看自己是如何爬上那個位置，最重要的是，要看到自己已經當上企業老闆後的景象。看看你成為那種人後，自己會過什麼樣的生活，展開什麼樣的行動。

成為大企業的老闆後，你在很大的辦公室裡工作。辦公室很氣派，有張高級的辦公桌。從你坐的位置，可以將壯觀的景色一覽無遺。

不要忘了，萬物都有特定的波動。所以，請在你的願景中，看到波動頻率和大企業老闆相符的物品。

你要想像當自己成為這種層級的人物時，會把什麼物品放在四周，彰顯自己的地位。想像的辦公室不一定得是現代風的大房間，如果你喜歡小一點的空間，用木材裝潢的簡約風格也無妨。

只要能讓你感受徹底成為那種人的波動，不論什麼形式都可以。

總之，步驟一就是「盡可能看見鮮明的畫面」。

3-2／感受

接下來，你要在那個白日夢裡，**在想像中確實捕捉到那種情緒和感覺，並牢記在心**。

當你真的變成那種人，身處於那個情景時，你會有什麼心情？會有什麼感覺？請充分感受那些情緒。

如果我成為那種人，應該會興奮才對。難道不會嗎？一定是非常興奮的。

（裝出害怕的樣子）

在看見那麼美好的景象時，應該不至於露出這種表情吧。（笑）

當然，那也要你心中沒有任何「變成那種人有點可怕」的念頭才行。但話說回來，要是你真的像那樣感到害怕，就代表這當中藏著你應該學習的東西。

如果你看見那個畫面後，感受到的卻是負面情緒，就表示自己有些必須替換的信念。

不過在這裡，還是先假設當你們在想像中看到那幅景象，感受那種情緒時，會覺得非常興奮好了。

請讓自己感受當你已經成為那種人時，心情會有多高興。

請體會那感覺會是多麼自由舒暢。

除了興奮的情緒外，你的感覺也很重要。

請在想像的畫面中，順便運用自己的五感。

觸摸周遭的各種物品時，會有什麼觸感？在房間裡會聽到什麼聲音？在房間裡會聞到什麼氣味？

請試著善用自己的五感，把那個情境營造得更立體。請盡量深入參與那個情境。

假如你成為大企業老闆，眼前有張高級辦公桌，那張桌子會帶來什麼觸感呢？是冰涼的觸感好，還是溫暖的觸感好？表面光滑比較好，還是有點粗粗的比較好？假設桌上有印著自己名字的紙張，那紙張會是什麼觸感？是粗糙的嗎？是什麼顏色？

你的辦公室會有什麼氣味？有植物的味道嗎？附近有沒有水流聲？有沒有能讓自己感到放鬆的聲音？或者是附近有工廠，正發出嘈雜的聲響？

請試著感受體內的液體四處奔流的感覺。請運用自己所有的感官，試著融入情境中。

3-3／徹底成為

接下來，我們要進入這套流程中最重要的部分「3」。

你已經看過了，也感受過了。最後一步，輪到「徹底成為」。**也就是身體力行，展開行動**。

今天剛好在這個舞臺上和各位進行交流（編按：當天的活動是在能劇舞臺上進行）。同樣地，在看過想像的畫面，感受其中的一切後，最後就要透過某種方式，打造能將想像化為行動的舞臺。

當然，這不代表你必須完全重現想像中的一切。你只需要盡量貼近想像的畫面，在能力所及的範圍內設法創造出來就好。

舉例來說，假如你有朋友是某個大企業的負責人，不妨請他出借一下辦公室，讓你親自坐坐，體驗置身其中的感覺。

3這個步驟之所以重要，是因為你們非常依賴肉體的感覺。**一旦讓自己實際置身於那個環境中，肉體的意識就會記住處於那種狀況下有什麼感覺和感受**。

所以，只要有東西能借，就盡量去借。如果花錢能租到，就不要吝惜。不過，千萬別用偷的喔（笑），因為大企業的老闆沒必要偷東西。如果能用交換的，也盡量去交換吧。

總之，你可以參考最讓自己興奮的事物，去創造或尋找最貼近的物品，當成象徵，試著讓自己置身其中。

請大膽地發揮想像力，試著打造看看。比如說，假設你只能使用自己的公寓，如果有必要，可以重新調整家具的位置。

繪製從大企業老闆的辦公室會看到的景色，貼在牆上當作背景，也不失為一種方法。就算只用大紙箱權充辦公桌也無妨，盡量用吧。畢竟重點在於自己和那個空間的關係，以及自己身處其中時的舉止和態度。

不過就算用紙箱，也要挑最接近理想辦公桌的尺寸。如果有辦法營造出和理想辦公桌相同的感覺，那就在紙箱上擺放物品，試著布置成類似的氛圍。

總之，要盡可能貼近自己在夢中所看到、感受到的印象。打造完成後，請在這個舞臺上生活一段時間，讓自己沉浸其中，充分感受。讓自己習慣這樣的空間，習慣這樣的感覺。

透過這種方式，可以讓你們的肉體意識記住想像已在此實現的感覺，訓練自己以「現實已完成」的心態來行動。

一旦透過物理的行動，讓自己記住這個心態，波動就會跟著改變。

在這之後，你們就能在日常生活中發出那種波動。你們會開始像個大老闆一樣說話，像個大老闆一樣走路，像個大老闆一樣行動。

周圍的人看到你們的言行舉止，也會開始想：「那個人一定是某家公司的老闆吧。」接著就會有形形色色的人開始帶來只給大企業老闆的第一手資訊。

這時，你們就能回答：「好，謝謝你，我會再考慮看看。」（笑）

無論有什麼想法、機會或狀況，都是被最讓你們興奮的事物的波動吸引來的。乍看之下，這些事物之間似乎毫不相干。**但每個當下最令自己興奮的事物，都會一步步引導你們走向你們所看見的願景，最初的想像，最令人心動不已的那個畫面。**

所以，當有人帶來某些提議時，請試著感覺自己的興奮程度。感覺越興奮，就越接近最初描繪的那個願景。就算看起來八竿子打不著也沒關係，邏輯上說不通也無所謂。

因此我前面才會說，你們根本不必將如何達成目標的過程看得太仔細，只要能清楚看到最終的結果就好。一旦能看到，不論之後遇到的機會看起來多荒謬，都儘管遵循興奮的感覺去選擇，去行動就好。

現在，我來整理一下。

關於「徹底成為」，也就是「行動」的部分，分成兩個層次。

第一個是在周遭打造符合想像劇本的實體環境，讓自己置身其中。

第二個是依照自己的興奮程度，揀選來到面前的各種機會，並且展開行動。

這就是「徹底成為」的精髓。將自己的夢想以某種形式付諸行動，可說是極其重要的步驟，再怎麼強調都不為過。

如果已經有其他人在做最讓你們興奮的那件事，最好能親自去當面接觸對方看看。花點時間和他們相處，接收他們的波動。你們不必完全模仿他們，但要好好觀察他們如何行動，然後改造成屬於自己的版本。

經過嘗試，你們可能會驚訝地發現，一旦模仿已經活在那種現實中的人，自己改變的速度會有多快。

總之，請記住宇宙唯一的法則：**給什麼就得什麼**。

這個法則非常簡單、迅速，而且威力強大。

「5」：萬事俱備，就沒有風險

剛才我談了「1」和「3」。

1：百分之百做真正的自己，保持一體性。

3：去看見，去感受，去徹底成為。

光是這兩項，就足以讓你們在人生中創造幾乎所有想創造的事物。

接下來，我要談「1、3、5、7」中的第三項「5」。這部分其實是針對前面的三步驟做更詳細的拆解，可以應用在讓自己最興奮的計畫或工作上。

這五個步驟，分別為：願景、時機、知識、資源，以及最重要的承諾（commmitment）。

5-1／願景

首先是「願景」。

「5」的第一步驟「願景」，包含先前提到的「看見、感受、徹底成為」。那是讓你們興奮的景象，是夢想的力量本身。

當你們要將某個想法化為現實時，「願景」是最重要的。而且願景必須是超越其他一切，讓你們最興奮的事物。你們要透過行走、說話、呼吸、飲食、睡眠……，用自己的全身去感受「這就是我要的」。

5-2／時機

第二部分是「時機」。

你們要針對自己想做的事，找到適當的時機。

請試著觀察周遭，感覺社會和自己，以及和自己本身是否成為一體；還要觀察社會上發生的事，看是否有發生同步。

巴夏的關鍵字

中立／neutral

巴夏曾提出許多新觀點、新思維，包括「給什麼就得什麼」、「自己體驗的現實，是自己創造的」、「一旦察覺習慣，那就不再是習慣」、「一旦察覺自己有這種信念，信念就會失去力量」、「信念會設下陷阱，誘你上鉤」、「所謂的富足，就是有能力在想做的時候做想做的事」、「恐懼是信使」等，可說是不計其數。

在這之中，宇宙法則「給什麼就得什麼」更是頻繁出現。和這個法則互為表裡的概念，就是「中立」。巴夏說：「每種狀況皆為中立，本身不包含任何意義。」換言之，我們每天的各種想法、行為、喜怒哀樂，乃至這個世界本身，其實都毫無意義，賦予意義的是我們自己。這信念讓很多人受到震撼，甚至改變他們對世界的立場。

人生是完全的中立、中性。據巴夏表示，無論發生什麼狀況、事件，本身都沒有任何自發性的意義，只是毫無意義的空容器。每個人的人格會透過信念，以自己制定的意義填滿這些空容器。

賦予意義的是我們自己，而我們透過自己賦予的意義來體驗現實。換言之，在人生中掌握權力的，就是我們自己。這個概念非常鼓舞人心，是名副其實的關鍵詞。

順帶一提，就算你覺得自己創造了「糟糕的現實」或不符期望的狀況，也不代表處於這種現實的你就是低人一等。這種感覺就和恐懼一樣，只是要提醒我們可以去覺察和置換某些成見、信念。另外，巴夏也曾反覆強調，如果我們持續為每個狀況賦予正面意義，注入正面能量，就一定能得到正面的結果。

一切都是中立的，我們只是在體驗由自己賦予的意義所創造的現實。這也同時意味著，一切都取決於我們自己的選擇。

假如你覺得自己想做的事曠日廢時，只要你把能做的一切都做足，就代表那不是因為遇到障礙而延遲。

一切都會在最完美的時機發生。請一定要相信這一點。

5-3／知識

第三步是「知識」。

這是指實現最讓自己興奮的事情時必要的知識。

有時候，時機會提供機會，幫助你得到成為理想自我時必備的知識，也就是成為那種人後都應該知道的知識。請務必學習那樣的知識和技術。

5-4／資源

第四步是「資源」。

這是指可以幫助你實現自己的願景，或能成為這方面資源的人事物。

我們總是強調：「自己的現實是由自己創造。」然而，**如果你以為自己想要的現實只能靠自己獨自創造，那可就大錯特錯。你可以大方接受周圍的幫助。**

當被你吸引來的人提供援助時，那也等於是你自己的功勞，畢竟吸引那些人來的就是你。而且，當你接受援助，允許他們加入你的計畫或夢想時，不只是你，他們也能因此獲得時機、知識和資源，順便實現自己的願景和夢想。

所以，別害怕去建立你認為必要的關係。所有人都是對等的，不用害怕主動和別人交談。如果對方的頻率和你不同，代表那段關係在那個當下可能不太適合。但若是對方的頻率和自己一致，不妨大方地接受援助，這樣你也是同時在幫助他們。

至此，願景、時機、知識、資源，這樣就湊到四個了。

5-5／承諾

最後第五步是「承諾」。

一聽到「承諾」，各位可能會聯想到「必須努力才行」。甚至有人會認為：

「這要花費大量的時間和精力，還必須忍耐，實在很辛苦呢。」

但「承諾」在這裡並不是這個意思。

快想起來吧。這可是你們的夢想，你們的願景。

如果這真的是最興奮的事，最大的夢想，那也只能去做了，不是嗎？

我們說的「承諾」，其實是這個意思。

所謂的承諾，就是要不時確定「這果然是最讓自己興奮的事」而已。就只是這樣。一旦確定後，便能輕鬆愉快地持續下去。

如果換個說法，承諾就是坦誠地確認自己最想做的事的波動，是否現在也依然和真正的自己保持一致。只要保持一致，不論要花多少時間，你也能心甘情願地貫徹到底——因為這就是你想做的事。

只要「願景、時機、知識、資源、承諾」五步到齊，你的計畫就絕對不會失敗。因為這五步到齊時，風險將無從介入。集齊這五個條件，你就能違反近代商界篤信的準則，不再遇到風險。

到這裡，「1、3、5」的部分已大致說明完畢。

各位已得到了相當強大的工具。

「7」：恢復平衡的七大正向思考

「1、3、5、7」的第四部分，也是最後部分「7」，是能幫助各位恢復平衡，再次回歸一體性的工具。

在持續實踐「1、3、5」的過程中，若感覺有些偏離，失去平衡，就可以使用「7」來調整。

「7」是一套能讓自己恢復平衡狀態的方法。恢復平衡後，就能再次吸引到自己需要的資訊。「1、3、5、7」系統必須要有「7」這個部分，才能成為可在失衡時自行復原的自我校準系統。

當你覺得失去平衡，或是偏離「1、3、5」原則時，都可以靠這套方法輕鬆校準。相信我，真的非常非常簡單。

7-1／放鬆

首先是放鬆。

只要放鬆就好。

停下來做深呼吸，讓自己慢慢放鬆。

7-2／放下

放鬆下來後，請一邊繼續深呼吸，一邊放下舊有的思維，將其釋放。

當你開始運用「1、3、5」，朝著理想目標前進時，一路上總有些事物會拉扯你，讓你偏離方向。

所以要放下執念，拋開那些會拉扯自己的事物。

7-3／審視內在

第三步，是再次審視內在。

把注意力集中在自己的核心上。

7-4／回想

七步驟正中央的第四步，是「回想」。

去回想自己在「1、3、5」部分做過的一切，也就是我前面談過的那些內容。

再來，你要想起自己是怎樣的存在。

7-5／觀察反應

第五步是「觀察反應」。

回想起來後，觀察自己對那些內容的反應。

請一邊回想「1、3、5」的內容，一邊觀察自己有什麼感受，什麼反應。

7-6／找回平衡

第六步是再次找回平衡，恢復常態。

當你感受到自己回想起「1、3、5」的反應，就能找回平衡，再次與自己的夢想或興奮的目標合為一體。

你會以取得平衡的清爽能量，繼續朝那個方向前進。

7-7／喜悅與感謝

最後也是最重要的一步，就是再次感受喜悅。

為名為「自己」的存在獻上祝福，為「宇宙」創造出自己表達感謝。

以上就是「7」的所有步驟。

首先要放鬆自己，釋放不再需要的思維，進入內在，進行回想，觀察對回想的內容有何反應，找回平衡，最後感受純粹的喜悅。只要這樣就好。

完成這套流程後，你就能再次以明確的意志運用「1、3、5」的部分。

這套「7」的流程，是用來當成正向思考（對自我的正面宣言）的工具。

在持續實踐「1、3、5」的過程中，如果你發現自己偏離方向，或是開始陷入迷惘，只要運用這七大正向思考工具，就能重新回到「1、3、5」的正軌。

恢復平衡的狀態後，你就能再次吸引到必需的資訊。

增強感受力

到這裡，我已經給各位一套能讓任何想要的改變實現的工具。在這套簡單的流程中，包含你們所需的一切。

接下來，你們只要增強感受力，讓自己在人生中確實掌握來自四面八方的機會，並清楚知道「啊，這是機會」就好。

選擇／choose

人生是一連串的選擇。巴夏曾說：「就連走路時邁出左腳，也是人類選擇和執行的結果。」由此可知，無論是有意還是無心，一切都是選擇的結果。「人生的一切都是選擇。有時你可能不以為然，但確實是選擇沒錯。」

這種「一切都是選擇」的概念，對我們來說也是嶄新的觀點。本書也提到，當提問者說「（我）容易受傷」時，巴夏回答：「妳只是選擇相信『自己容易受傷』而已。是妳選擇了這個信念。」這就代表一切都是自己的選擇。

另外，我們都習慣認為「是那個人說出這種話，所以我才有這種感覺」、「是因為遇到這種狀況，我才會這麼想」，但巴夏強調，我們有什麼感受也來自於選擇。「問題不在於『情況看起來如何』，而是『無論情況看起來如何，我都能選擇如何去感受』。」

人生並非隨機「降臨」在我們身上的事件，而是取決於自己的選擇。巴夏也說：「『在不知不覺間發生了這件事』是不可能的。如果你不做出選擇，現實並不會擅自改變。」

此外，巴夏在本書的問答中也回答，無論選擇什麼，都要意識到做選擇的是自己。也就是說，「選擇自己」至關重要。

當我們像這樣將人生視為一連串的選擇時，就會意識到掌握人生方向盤的是自己，力量也會回到自己身上。

在本章的對談中，巴夏也說：「請做讓你開心的選擇。你可以選擇自己想要的。」選擇的關鍵在於，「當你做某件事情時，要帶著喜悅做選擇，而不是基於『若不這麼做，就會發生憾事』的恐懼。」

現在各位手中握有的工具，能幫你們實現自己盼望和選擇的一切。

我們敢百分之百保證，各位的刀刃非常鋒利，能精準斬斷想斬斷的一切，斬斷一切虛幻和陰影。

唯獨真正重要的事物和本質，是這把工具刀斬不斷的。

能擋下刀刃的，只有你存在的核心。

這是你最興奮熱情，最朝氣蓬勃的精華部分，是這部分讓你知道自己是永恆且無限的存在。

除了內在核心外，其餘的一切終將消退。一旦打開內在光芒的開關，所有陰影都終將消散。

現在，請做三次深呼吸。

請感受對宇宙的感謝。

請拋開恐懼，勇敢地尋求協助。

請相信自己擁有需要的一切，可以做最想做的事。

各位現在都是充滿靈性的存在。

聚焦於目標

現在，請用輕鬆的姿勢坐下來。

深呼吸……。

讓我們閉上眼睛，進入愉快的靜心時間。

再做一次深呼吸。

吸氣……，

吐氣。

接下來，請各位發揮自己的靈感，在腦中描繪以下的景象。

◆在城市中行走

你現在行走於城市之中，會看到形形色色的大樓、招牌、標誌，也會看到許多行人在街上來來往往。

你走在人群中，腦中冒出某個畫面，讓你感到前所未有的興奮。

那個願景在眼前漸漸浮現。

你一邊看著腦中的那個影像、那個願景，一邊在城市中繼續前行，感覺像做著白日夢。

慢慢地，那些形形色色的大樓、房屋、人群、標誌……，所有映入眼簾的物體，都開始模糊起來。畫面不再清晰，輪廓就像和什麼互相重疊，朦朦朧朧。

但這時你察覺到一件事。非常有趣的事。

偶爾，真的是偶爾，你會在朦朧的背景中，看到某個人或某棟大樓忽然變得鮮明，或是那些人或物的一部分驟然闖入視野。

於是你發現，這個背景不過是自我意識的全像投影的一部分。

這裡所謂的全像（Holography），是指自己能體驗到的一切事物，也包括所有可能性。

所有可能性在眼中化為一片朦朧，而那些忽然映入你眼簾的鮮明影像，正是與你這個當下的波動產生共鳴的現實。

在這個當下，在模糊的背景中，只有你真正需要的部分映入眼簾。

你能清楚地看見。

你能輕易地看見。

這裡有一點再次變重要，就是你必須對自己的目標和終點有清晰的想像，至於那些無法讓自己靠近目標、無關緊要的小事，那些真的很瑣碎的事物，大可不必理會。

此刻你需要看到的，是能讓你和目標連結的細節。除此之外的枝微末節，根本沒有關注的必要。

如果你決心「只看和自己的目標有關的細節」，眼前就只會出現真正必要的部分。

你在現實中體驗的時間，是由你自己創造出來的。

當你把注意力放在瑣碎的事物上，就必須花更多時間才能實現目標。

因為看那些細節得花上不少時間。

不過，一旦你清楚知道自己想實現的目標，將焦點集中在那個目標上，在通往目標的路上就只會出現必要的事物，而那些可有可無的細節，將不再出現。

所以，當你發現有大量瑣事出現，將你困住時，請暫時停下腳步。像這樣靜心一下，也是不錯的選擇。

在靜心的過程中，你真正需要看的細節，就會清楚地浮現在眼前。

◆沿著目標，貫徹到底

不過，之所以讓你在靜心中走過街道，並不是為了展示那些細節給你看。與其說是展示，更像是要讓你沿著目標，在心中建立一道主軸。簡單來說就是這樣。

透過「1、3、5、7」法則，可以讓各位體內和意識內的波動頻率，和目標達成一致。

一旦讓自己和目標的波動同調，即使過程中出現看似與目標毫不相干的事物，那也依然是你必須處理的課題。

有時候，那些事件之所以發生，可能就是為了提醒你：「回頭反省一下吧。」是為了讓你更接近期望中原本的自己，那些事才會發生在你身上。

而當你終於實現自己期望的一切時，就會發生讓你懷著更多感謝去接受的事。

◆真正的忍耐，就是信賴

所以各位要記住，你們不需要所謂的忍耐。

你們稱為「忍耐」的情緒，其實並不是真正的忍耐。

那只是要提醒你們，你們在這個當下並沒有注意到自己創造的現實。

當你們試圖用更多忍耐，來掩蓋自己不夠忍耐的部分，就代表你們沒有親自去體驗當下發生的一切，

只是懷著「可能有其他更不同的事物會從天而降」的僥倖，在那裡守株待兔而已。

前面我曾提到「承諾」的概念。

同樣地，「忍耐」也並非體力或耐力的問題，而是要「相信當下正發生的事」，才是真正的忍耐。

當你確定「我現在正在做自己想做的事」，就會明白當下發生的這些事，並不是要來妨礙自己。

無論發生什麼事，只要把自己創造的現實當成是屬於自己的，就能讓現實朝著自己期望的方向改變。

無論外在發生什麼事，無論內心的哪種感情顯露出來，你都要堅定地認為「我是安全的」。

◆聚焦於目標

當你在人生的道路上前行時，請將意識的焦點徹底集中在自己的目標上。不必太在意路上的某些細節，只要將意識牢牢鎖定在終點和目標上就好。

如果光注意瑣碎小事，開始一味地分析，將會吸引到更多困境，更多難關。因為你隨時可能發現更多枝微末節，甚至會創造出如礫石中的原子般數不清的細節。

所以，請不要鑽研石子的內部，從外部來看就好。

當你們採取讓自己興奮的行動時，就等同於綜觀整個石子的全貌。

瑣事總是源源不絕，五花八門，但只要你始終盯緊目標，那些細節自然會隨著過程不斷冒出來。

各位真正想要的應該不是那些細節，而是從細節中產生的結果，對吧？

既然淨是些和興奮的事物無關的細節，又何必把注意力花在那上面呢？

接下來，請繼續在那條街道上前行。
然後，讓街道對你自己，對你的現實開口說話。
你所需要的事物，會從大樓、建築物和人群中冒出來，闖入你的視野。
那些事物不僅闖入視野，看起來還比平常更大，用一種你無法忽視的形式，擋在你的眼前。
當影像以那樣的形式在眼前蹦出來時，就連平常可能漏看的事物，也絕對不會看漏。
你不會錯過真正重要的事物，也能逐漸改變已發現的事物。

在這裡，我希望各位明白，每個人都會對某些事物懷抱願望。
你們要把自己最感到興奮的事，化為實際的行動。那是你們人生的目的，是使命。
一旦在人生中展開行動，你最終都能將那件事化為現實，只是時間早晚的問題。
當你靠自己創造這輩子的人生時，除非決定將這輩子學習和體驗的一切悉數完成，否則你是不會從這世上消失的。
只要你懷著信任和興奮的心情，在人生道路上前進，每件事都會進展得非常迅速和順利；若帶著恐懼和懷疑走下去，人生也可能變得更漫長乏味。

◆我需要恐懼嗎？

不過，就算我這麼說，你也不必害怕恐懼會讓人生感覺更漫長。
請試著在靜心之中問自己：
「我需要恐懼嗎？」
「我需要我不期望的現實嗎？」
「是需要，還是不需要？」
當你問自己這種問題時，請保持單純的心思，對自己誠實。
你想在每個當下，都去做最令自己興奮的事嗎？你想選擇這樣的生活嗎？
答案是「想」，還是「不想」？
如果你的答案是「雖然我想，可是……」，那就等於「不想」。
所以，請你也要承認這一點。

如果各位在這個當下認為：

「我不相信，我可以做自己最感到興奮的事。我不相信，我可以靠這樣賺取收入。」

那也完全沒關係。

與其假裝相信自己能做到，倒不如誠實面對自己更有效果。

當自己做不到時，如果不坦白承認，到頭來還是得面對「自己做不到」的信念。

在處理完這個問題前，你都將無法前進。

如果明明覺得「做不到」，卻強迫自己相信「做得到」，只是對自己不誠實而已。

對自己不誠實，等於是對自己的夢想不誠實。

對自己正創造真正期望的現實這件事，也同樣不誠實。

在這數千年的時光中，你們都未曾讓自己保持在狂喜的狀態。

所以，就算你現在還無法完全相信，也不要責怪自己。

請觀察是什麼信念創造出你不期望的現實，並試著轉換那個信念。

同時也要記得看清楚，那個信念是屬於負面，還是正面。

只要試著實際體驗那些信念，你就能加以解放。雖然感覺上有點自相矛盾就是了。

一旦承認是那個信念拖長自己實現夢想的時間，反而能讓自己在更短的時間內實現那個夢想。

這就是我所謂的矛盾之處。

一旦明白「原來自己都在創造不符期望的現實」，之後就能更輕易地創造出自己想創造的現實。

請不要把分屬兩個極端的對立事物，看成兩個完全分離的獨立個體。

兩者其實互為表裡，相輔相成，一起試圖向你傳達某個訊息。

◆百分之百保證！

請試著以創意運用人生中的一切。

這樣人生就會變得充滿創造性，讓你可以在現實世界中創造自己的夢想。

我百分之百掛保證！

請對自己說說看。

說「我百分之百掛保證！」，然後為自己鼓掌。（笑）

（響起鼓掌聲）

我說「百分之百掛保證」，就是真的百分之百。

宇宙能提供給你的，只有和你發出的波動有相同頻率的事物。

所以，如果你發出波動時，心裡只想著「雖然有一部分不符合我的期望，但就姑且這樣吧……」，那結果就會如你所想，將「不太符合期望的現實」吸引過來。

正如我剛才所說的，這不是一部分的你不期望，而是百分之百的你「不太期望」的現實。

所以，請試著百分之百相信自己真正期望的現實。

這不是什麼難事。
不過，你可能需要學習一下關於自己的事。
越是了解自己，就越能成為你想成為的自己。
所以你要明白，人生中發生的每件事，都有其必須發生的理由。請從那些事件中，去學習你需要學會的一切。

人生中發生的每件事，都有一個共通的基本目的，就是讓你學到「這才是真正的自己」。
所以，你要試著看出自己在這個當下需要學什麼。

你在人生中吸引到的一切事物，全都是你的波動。
凡是讓你「好想過這種人生」的事物，不論是什麼波動，就要讓自己變成那種波動。

能透過言語聽到這種想法，也是很有價值的。另外，如果能讀到這些言語轉成的文字，也相當不錯。

不過，說到什麼能引發實際作用，還是將想法化為行動最有效。

請成為會伴隨行動的存在。

請成為能活出自己人生的存在。

那獨特美麗的過程，那層層累積的經驗，就是以人類為名的存在。

所以，首先要試著享受自己，樂在其中。

即使內在有不想要的負面感情，那也是你創造性的部分創造出來的。

請欣賞自己創造性的部分發揮的作用有多出色，交出的成果有多美好吧。

然後，試著去中和一切。

「比起自己期望的正面現實，負面現實反而更容易實現」是大忌。

千萬不要給負面想法多餘的力量。

無論是哪種現實，都是你做了選擇才會發生。

各位的選擇可以基於恐懼，也可以出於喜悅。
人生，就是選擇。

各位是永恆的靈魂。
即使形貌改變，也依然永遠存在。
所以，請選擇讓自己開心的選項。
儘管選擇自己期望的選項就好。
當然，決定權永遠在你手上。

感謝在座的各位願意讓我以這種形式進行交流。
謝謝你們讓我能選擇這麼做。
我們很喜歡這種形式的交流。

在我們的文明中，就是以剛才我說的那種方式來運作。
但即便如此，也不代表你們的文明就必須做相同的選擇。
我們只是在盼望，有一天各位能和我們以對等的立場一同嬉戲。

好，請做個深呼吸，睜開眼睛。
舉起雙手，伸展四肢。
往左右，往前方……。
現在，請放鬆下來。

悖論／paradox

巴夏在說明時，常會提到「悖論」一詞。原本是同為一體，只是看起來矛盾或無法相容。對高我來說，悖論是經過統合的同一事物。當我們開始看到對立的兩面時，就代表我們知道自己內在的各種波動將合為一體，變得更貼近本質。

而「放棄『這個或那個』（二選一，選邊站），選擇『這個和那個』（兼容雙方）」的想法，也是同樣的道理。巴夏解釋：「從更高的層次來看，看到的永遠都是『這個和那個』，而非『這個或那個』。層次較低時，事物看起來會毫不相干，甚至南轅北轍，但從高層次來看，就會發現萬物之間總有關聯。」

此外，每當有人將兩件事擺在一起問巴夏：「如果不是這個，那就是這個囉？」他也總是回答：「你可以看成不同，也可以看成同一，兩種狀態是並存的。你們的文明習慣用『這個或那個』的思維，但實際上應該是『這個和那個』才對。」

巴夏常強調「這不是哲學概念」，事實也的確如此。即使在日常生活中，一旦我們想起「不是『這個或那個』，而是『這個和那個』」的事實，便能擺脫二元對立的束縛。而且，當我們從更高、更廣的視角來看，也一定能發現全新的世界。如果你正在兩個選項間搖擺不定，或跟別人意見相左時，不妨試著從「兩邊都選」的角度出發，或許就能另闢蹊徑。畢竟愛因斯坦也說：「使用和製造問題時相同的思維，是無法解決問題的。」

「不要把分屬兩個極端的對立事物，看成兩個完全分離的獨立個體。這兩者其實互為表裡，相輔相成，一起試圖向你傳達某個訊息。」

3 興奮、願景、夢想的力量

◇ 創造理想現實的直接方法。
◇ 為引發想要的現實，營造必要的氛圍。

3-1 看見

◇ 充分運用想像力，讓自己看見鮮明的畫面。
◇ 有必要的話，可使用照片或圖畫，作為視覺化的輔助。

3-2 感受

◇ 感受理想實現時會有的感覺。
◇ 進入想像中，透過五感去感受。
◇ 全心投入，品味願景。

3-3 徹底成為

◇ 身體力行，展開行動。
◇ 在周遭的環境中創造符合想像的事物，讓自己置身其中。
◇ 把握機會，付諸行動。

7 恢復平衡的七大正向思考

◇ 讓自己在感覺偏離正軌時，能再次明確地使用「1、3、5」法則。

7-1 放鬆

7-2 放下

7-3 審視內在

7-4 回想

7-5 觀察反應

7-6 找回平衡

7-7 喜悅與感謝

●「1、3、5、7 顯化法則」一覽圖

讓自己變成興奮本身的方法

1 一體性

◇ 當一個完整的自己，不將自己視為各部分的集合。知道「每個人都有擁有力量，能在不傷害任何人的前提下，去創造自己期望的現實」。

◇ 知道「一切本為一體，都是自己的另一種表現、反映。所以目標並非和自己各自分離。自己就是目標本身，自己已經是那樣的狀態。」

5 萬事俱備，就沒有風險

◇ 只要集齊五個條件，計畫就絕不會失敗。

◇ 會讓你看到那些事將如何發生。

5-1 願景

◇ 看見、感受、徹底成為。

5-2 時機

◇ 看準時機，付出信任。

5-3 知識

◇ 學習成為那個人以後理應具備的知識和技術。

◇ 教導自己各種代表願景的語言、工具、說話方式、走路方式、知識、技術等。

5-4 資源

◇ 和能幫助你實現願景的人建立關係。

◇ 也要尊重這些人帶來的新資源。

5-5 承諾

◇ 如果是自己的夢想，也只能去做了。

◇ 不時確認最讓自己興奮的事物。

◇ 有做出決定，展開行動的意志。

◇ 對自己最感到興奮的事物，給予完全的關注和信任。

Q1「1、3、5、7」法則也能用在人際關係上嗎？

Q1（女） 如果想修復出現裂痕的人際關係，也可以用「1、3、5、7」法則嗎？

巴夏 如果那段關係能真正代表妳的興奮，當然能用。只要妳願意完全接納對方真正的樣子，而不是企圖把對方塑造成自己期望的模樣，就可以用。另外，如果對方也願意看著真正的妳，而不是只想看到符合自己期待的妳，那就更沒問題了。怎麼樣，這樣妳可以接受嗎？

Q1 可是，對方的想法或許跟我不一樣。其實，我和我丈夫目前正在分居中，但我想要重修舊情，讓我們重歸於好。

巴夏 ……為什麼呢？（笑）我是認真地想問。

Q1 我發現我還愛著他。

巴夏 妳愛的，真的是他嗎？還是妳希望他能成為的那個他呢？

Q1 我想，我愛的是他。

巴夏 只是「想」嗎？

Q1 啊，我愛他。（笑）

巴夏

當我們說「請將最感到興奮的事付諸行動」時，當然也包括這樣的人際關係。**但很多時候，我們的意思其實是：「無論你是否和某人在一起，都要做你覺得最興奮的事。」**當你開始做真正的自己並發光發熱時，能反映你這個部分的人都會被吸引過來。

沒錯，妳或許是愛他吧。但相對地，萬一他選擇不和妳一起走下去，妳可以試著問自己以下的問題。

第一個問題：「為什麼我要把不想和自己在一起的人拉進自己的世界？」第二個問題：「為什麼我想和不願意跟自己相處的人在一起？」

當然對方還是有改變的可能。但要讓他有機會改變，妳唯一能做的就是成為百分之百的自己。只要妳當真正的自己，過興奮的生活，對方就有可能因此改變，想回來和真正的妳在一起。對方不會為了和非真正的妳在一起而回來。

所以，妳可以試著執行以下步驟：

第一步，**先在妳的能力範圍內，將最讓自己興奮的事化為實際行動**。這樣一來，**當對方看到妳是百分之百的妳，充滿興奮的妳，可能就會改變心意**。反過來說，如果妳丈夫都看到妳已經活出真正的自我，卻依然沒有改變心意，妳可能也不想再和這樣的他維持關係了。

不過，**當妳做真正的自己，把自己真實的想法直接化為行動，就會開始吸引和妳頻率相符、波動相同的人**。然後，妳就會感覺到這樣做有多麼正確，因為你們的頻率是相同的。如果他改變，他的頻率會和現在的他不同。無論他的外表是一如往常，還是煥然一新，都已經形同另一個人。

妳有什麼最感到興奮，卻遲遲沒去做的事嗎？妳有沒有什麼和別人完全無關，卻最能表現自己，讓自己興奮的事物呢？答案是有，還是沒有？

Q1 有。

巴夏 那妳有實際去做那件事嗎？

Q1 有。

巴夏 是什麼？

Q1 就是跳舞。最近才開始的。

巴夏 這的確教人興奮呢。舞蹈比其他事物更讓妳興奮嗎？

Q1 對。我現在是這麼想的。

巴夏 是這樣嗎？（笑）

Q1 是的。

巴夏 哦，「是這樣」啊。我只是想確認一下而已。（笑）如果是這樣，就繼續做最讓妳興奮的事吧。這樣妳就會變成那種波動，或許對方的心意會因此改變，又或許會把頻率相符的人吸引進妳的人生中。而且當那個人來到時，妳一定會知道的。所以，妳不必為此擔心。

還有一點也要記得，當妳在做最讓妳興奮的事情時，也會開始把第二興奮的事物吸引過來。

重點整理

Q1 「1、3、5、7」法則也能用在人際關係上嗎？

A 如果這段關係能真正代表你的興奮，當然能用。但很多時候，我們的意思其實是：「無論你是否和某人在一起，都要做你覺得最興奮的事。」

Q2 「1、3、5、7」都是奇數，是基於什麼法則嗎？

Q2（女） 您提到的「1、3、5、7」剛好都由奇數組成，感覺很不可思議。裡面沒包含「2」、「4」、「6」，是因為您的星球上有什麼法則嗎？如果是，那「9」也有含意嗎？

巴夏 雖然沒什麼固定的法則，不過每個數字都有帶有特定的波動，「2」、「4」、「6」也不是毫無意義。我們只是根據「1」、「3」、「5」、「7」各自有什麼意義，以及這些數字和你們有什麼關聯來選擇。

「1」是所有現實共通的基本數字，「3」是構成物理現實的基礎數字，而「5」是人形生物的基礎。畢竟各位的頭、手、腳合起來就是一個五邊形，對吧？「7」是象徵各位的高我，也是讓這個維度加速的波動。

「2」代表的是平衡和二元性，「4」在各位的世界是代表方向。你們在思考方式和精神層面上，也受到這四個方向很大的影響。「6」是所謂的三度空間，由X、Y、Z構成的座標軸。

「9」是3×3，在我們的文明中是有重大意義的數字。當然，這在你們的文明中也有意義。在我們的文明中，和「3」這個數字有關的事物都有特別的含意，因為我們認為3和3的倍數，是形成物質宇宙的基本數字。

萬物都以四面體結構為基礎。「9」是3×3，代表宇宙結構中的至高點，對我們而言，那個地方是即將進入下個完全不同維度的玄關。所有數字都具有某種特定的波動和頻率，也是賦予物質宇宙結構的模板和基礎。

重點整理

Q2 「1、3、5、7」都是奇數，是基於什麼法則嗎？

A 雖然沒什麼固定的法則，但所有數字都具有某種特定的波動和頻率，也是賦予物質宇宙結構的模板和基礎。

Q3　所謂的「帶著統一性」是什麼意思？

Q3（男）　您在提到「請做最讓自己興奮的事情」時，經常會順便補充一句「要帶著統一性」。請問這裡的「帶著統一性」，是指做最讓自己興奮的事情時的手段，還是指自己的態度呢？

巴夏　我之前也解釋過「帶著統一性」的意思。**就是相信自己有力量做任何想做的事，而且不會傷害別人和自己**。只要你們理解這一點，以這種方式生活，你們的現實就能進展得非常順利，也不必在自暴自棄、鬱悶糾結的狀態下做事。怎麼樣，我剛才的說明夠清楚嗎？

Q3　可以再請教您一下嗎？假設有位藝術家，當他想表現某種意念時，可能會透過音樂、繪畫或電影等媒介。您所謂的「帶著統一性」，是不是意味著如果他是音樂人，就先專心做音樂比較好呢？

巴夏　不不，我不是這個意思。那比較像是「一貫性」，而不是統一性。所謂「帶著統一性去做事」，是指「將自己視為一個完整個體，帶著信任去做每件事」。簡單來說，**就是當你做想做的事情時，能始終保持舒暢愉快的心情**。

你會放鬆身心，盡自己所能做最想做的事，而且不會傷害到其他人。不會為了完成某件事，而把自己的力量交給別人，或是奪取別人的力量。

不過，要是你無法聚焦於目標上，不斷見異思遷，換來換去，或是為了逃避而轉移到下個事物，就稱不上「帶著統一性」。話雖如此，把創造力發揮在各式各樣的事情上，並不代表「沒有統一性」。你用什麼方式去做這些事，才是關鍵所在。

重點整理

Q3 **所謂的「帶著統一性」是什麼意思？**

A 你相信自己有力量能做任何想做的事，而且不會傷害別人和自己。不會為了完成某件事，把自己的力量交給別人，或是從別人身上奪取力量。

Q4 害怕批評，不敢行動

Q4（女） 我非常渴望表現自己，但自己卻阻礙我這麼做。

巴夏 不，不對。不可能一部分的妳想表現，另一部分的妳卻阻礙。「一部分」是不存在的。不是「全部的妳想表現」，就是「全部的妳不想表現」，只有這兩種可能。要嘛就是在做，要嘛就是沒做。妳不是由不同部分組合而成的。

如果妳認為自己是由不同部分組成，而這些部分還互相衝突，只會讓妳心中萌生巨大的挫折和疲憊。妳現在沒做卻想做的事，是什麼呢？

Q4 不必壓抑任何部分，做真正的自己，就是我嚮往的狀態。

巴夏 為什麼妳會認為自己受到某種妨礙呢？

Q4 因為我會感到不安、害羞。

巴夏 妳對自己想做的事感到害羞和不安？

Q4 對。我無法百分之百地相信自己。

巴夏 不，妳始終都百分之百地相信自己。妳不可能不百分之百相信自己。你們不是百分之百相信自己期望的現實，就是百分之百相信自己不期望的現實。只會是兩者之一。

你們總是自動地付出百分之百的信任。如果不一直百分之百地相信自己，就無法體驗現實。或許妳是相信自己不期望的事物。

但無論如何，妳始終都是百分之百地相信，所以我前面才說：「妳不會被自己妨礙。」如果要妨礙，必須有兩個事物同時運作，但那是不可能的。因為一次只能發生一件事情。

所以，如果妳現在沒有做自己期望的事，就代表妳把百分之百的信任，放在自己不太期望的事物上。

那不是受到妨礙。當妳對某件事付出百分之百的信任時，其他現實根本無法妨礙。因為這份信任始終是百分之百，根本沒有其他事物能介入的餘地。妳知道妳的定義和我的定義有根本上的差異嗎？

Q4 我聽得有點糊塗。

巴夏 那我講得再簡單一點好了。妳想做的事是什麼？不要考慮能不能辦到，也不要做各種分析，只要告訴我現在還沒做，但最讓妳興奮的事是什麼就好。想得簡單一點。回答也越簡單越好。最讓妳興奮的是什麼？妳最想做什麼？妳在這個當下覺得「如果能做到，我會很高興」的事是什麼？

Q4　和別人一起快樂地生活。

巴夏　任何人都可以嗎？還是妳腦中有特定的人選？

Q4　我身邊的人。

巴夏　妳所謂的「身邊」，是指坐在妳旁邊的人嗎？（笑）

Q4　不，是和我一起生活的人。

巴夏　一起生活的人啊。可以具體說說是什麼樣的人嗎？

Q4　像是家人、公司同事之類的，總之就是日常生活中和我互動較多的人。

巴夏　所以對妳來說，「身邊的人」是指互動較多的人嗎？像是經常見面的人嗎？妳所謂的「想和他們更親近」，又是什麼意思呢？

Q4　我不是指見面次數的多寡，而是指家人、血緣關係，還有同公司的人。

巴夏　妳告訴我想和什麼樣的人更親近，卻沒說想用什麼方式變親近。所以妳的話是什麼意思？是想感受他們愛著妳嗎？或是想感受自己愛著他們嗎？

Q4　是啊，就像是互相信任。

巴夏　互相信任啊。那我這樣問妳好了。妳相信自己嗎？妳有無條件地愛著自己嗎？

Q4　正在努力的路上。（笑）

巴夏　正在努力的路上啊。那麼，或許他們也正在努力愛妳的路上吧。妳是喜歡正要努力愛妳、相信妳的人，還是純粹地愛妳、相信妳的人？

Q4　我喜歡後者。

巴夏　那妳對自己又如何呢？妳是喜歡還在努力愛自己、相信自己的妳，還是喜歡純粹地愛自己、相信自己的妳呢？

Q4　當然是後者。

巴夏　那妳要從什麼時候開始愛自己、相信自己呢？

Q4　從現在馬上開始。

巴夏　妳真的覺得有什麼能妨礙妳從這一刻開始無條件地愛自己、相信自己嗎？剛才妳說會感到害羞，但愛自己、相信自己真的會讓人害羞嗎？請老實告訴我吧。如果妳真的這樣覺得，那又是對什麼感到害羞呢？

Q4　與其說是害羞，我覺得更像是害怕。

巴夏　那妳在害怕什麼？害怕不被人愛嗎？

Q4　不，不是，是害怕被批評。

巴夏　被誰批評？除了妳自己，有誰能夠批評妳？**即使有人批評妳，也只有在妳接受那個批評，或是依據別人的批評來形塑自己時，才會感受到影響。**

Q4 要我舉個例子給妳聽嗎？

巴夏 好。

Q4 妳這個人真是爛透了。（笑）妳相信我剛才說的話嗎？

巴夏 ……。

Q4 還要想一下才能回答嗎？（笑）

巴夏 不，我不信。

Q4 所以，妳不是一個爛透的人，對吧？

巴夏 不，不是。

Q4 妳為什麼知道？

巴夏 因為我覺得自己不是爛透的人。

Q4 這樣聽來，妳並不接受我剛才的批評，對嗎？我說得沒錯吧？

巴夏 沒錯。

Q4 那妳又為什麼要接受別人的批評呢？（笑）

巴夏 啊……。

Q4 妳讓我很受傷呢。明明不接受我的批評，卻接受別人的批評。妳這個人還真過分。（笑）這下子我可以很肯定地說，妳這個人不但爛透了，還很不公平。（笑）妳知道我在開玩笑吧？

Q4 （笑著回答）我知道。

巴夏 不過這樣妳應該能明白一個重點。**那就是妳根本不需要接受任何人的批評。如果妳對來自別人的批評有感覺，是因為妳相信「自己應該被批評」，然後自己批評自己。**

妳現在應該做的，是感受內心無條件的愛，以及明白以下這件事：當某人選擇批評妳時，其實那只是在批評他自己，他只是基於自身的恐懼，將對自己的批評轉嫁到妳身上而已。

請試著對那些批評妳的人懷抱一份溫柔。批評別人的人，是因為自己內心有恐懼才會批評。所以，妳要愛他們，他們需要妳的愛。請懷抱著愛，陪他們一起看清他們選擇批判的理由和害怕的對象，並且讓他們明白其實沒必要害怕。一旦明白後，那份恐懼就會變成對自己的愛。然後，當他們能夠愛自己時，那份愛也自然會流向妳。

妳不需要改變他們，但他們卻有改變的可能。**妳不必為了做自己而感到羞恥，同時也要記住，沒有人能真的批評妳。**

重點整理

Q4　害怕批評，不敢行動。

A　你不需要接受別人的批評。如果你對別人的批評有感覺，那是因為你相信自己「應該被批評」，然後自己批評自己。

Q5　不知道什麼是最讓自己感到興奮的事

Q5（女） 讓我感到興奮的事很多，多到我不知道哪個才是第一名。

巴夏 這其實非常簡單。**無論什麼時候，只要在每個當下從妳能著手行動的範圍內，找出最讓自己興奮的事去做就好。**

請在每個當下去感受所有選項中，是哪個最讓自己心動。有些選項雖然不是最讓妳心動，但要著手去做相對簡單。那種選項會自然浮現。所以，妳可以用以下的組合方式來檢視。

A：什麼事最讓我興奮？

B：在目前能力所及的範圍內，什麼事最讓我興奮？

妳不需要馬上找到人生中最讓妳興奮，認為「非這個莫屬」的唯一答案。只要在這個當下，在能力範圍內，找到最讓自己興奮的事就好。怎麼樣？有比較清楚一點了嗎？

Q5 有。聽完後，我發現其實從很早以前，就一直覺得自己應該能創造些什麼才對。只不過……。

巴夏 只不過什麼？妳有試著透過靜心，問自己「我能創造什麼」嗎？

Q5 我腦中忽然閃過電影。

巴夏 跟電影有關的什麼事？是拍攝電影嗎？

Q5 是的。

巴夏 妳是想做編劇或攝影之類的工作？還是想全部一手包辦？

Q5 我想把自己構思的故事拍成電影。

巴夏 所以妳想寫劇本？還是想全程參與？

Q5 全程參與。

巴夏　聽起來的確很讓人興奮呢。那妳第一步打算做什麼？

Q5　我其實有報考電影相關科系，可惜沒考上。

巴夏　那並非必要條件，很多導演都不是科班出身的。

Q5　但我不知道該從哪裡做起。

巴夏　不，妳知道。（笑）妳剛才說妳有一個故事，難道那故事沒有寫下來的必要嗎？

Q5　我是寫了不少，不過……。

巴夏　為什麼不乾脆把故事完整地寫下來呢？

Q5　我很想具體地寫下來，但總覺得不夠滿意。

巴夏　我沒說「必須讓自己滿意」。實際寫看看才是重點，之後妳可以根據自己的興奮程度繼續修改。

Q5　可是除了這個，每天還有很多讓我興奮的事啊。（笑）

巴夏　不過，那是最讓妳興奮的事嗎？

Q5　最讓我興奮的事，是去看電影。

巴夏　原來如此。（笑）那麼，如果去看電影是最讓妳興奮的事，妳就能透過看電影這個行為，吸引到能幫助妳的機會或環境。妳覺得這有可能嗎？

Q5　我不太明白「能幫助」的意思。字面上的意思我懂，只是……。

巴夏　我說透過去看電影獲得幫助，是指去看電影能幫助妳維持生計。**如果那真的是最讓妳興奮的事，光這一點就已經包含能讓妳維持生計的可能性。**妳有聽懂我的意思嗎？

Q5　有。

巴夏　那麼，妳相信光是看電影就能當工作嗎？是信，還是不信？

Q5　不信。

巴夏　喔喔——。（笑）妳有聽說過「影評人」這種工作嗎？有，還是沒有？

Q5　有。

巴夏　那影評人是靠什麼來維持生計的？（笑）是靠看電影，對吧？

Q5　對。

巴夏　那妳現在相信「看電影也能維生」了嗎？

Q5　相信。

巴夏　妳說妳喜歡寫作，那妳對於看電影寫感想這件事有什麼看法呢？妳覺得這麼做會快樂嗎？

Q5　嗯……，好像也沒那麼快樂。

巴夏 那我知道了。所以妳只想單純地看電影嗎？那妳喜歡談論電影嗎？

Q5 不太喜歡。（笑）

巴夏 所以妳只是想去電影院？

Q5 我不知道該怎麼用言語表達……。

巴夏 為什麼妳不覺得自己有可能做到呢？

Q5 我對跟別人分享自己的感受沒自信……。

巴夏 （露出「原來如此」的表情）喔——但這不代表妳做不到啊。這裡有一點很重要，妳一定要知道。妳沒有敞開心胸，坦白說出自己的答案。在回答問題時，妳總是從第三者的角度去分析自己能不能做到，有沒有資格，擅自加上一堆限制。

但我問的是「看電影寫感想會令妳感到興奮嗎？」，而不是「告訴我，妳能不能做到這件事」。請把妳思考的部分先暫時擱在一旁。

她現在說出的很多想法，在場的各位也可能會有，所以她給了你們一個非常重要的機會。**當思考「最讓自己興奮的事物是什麼」時，你們往往還來不及感受，就已經先自動允許內心的聲音質問自己能不能做到。**

我不是要她必須對我說的事感到興奮，只是她一直在判斷自己有沒有才能，反而讓她無法感受那樣事物是否讓她興奮。

當你們問自己「什麼最讓我興奮」時，請先將腦中的意象完整瀏覽一遍。這期間不要下任何判斷。如果一定要判斷，事後再做也不遲。**請先讓自己看到那個令你們興奮的意象，讓自己去感受，之後再來拆解那個意象就好**。

現在，回到提問的妳身上。當然我沒要求妳一定要感到興奮，不過我有個問題想問妳。如果妳擁有寫作的才華，看電影寫感想這件事會讓妳感到興奮嗎？

Q5 會。

巴夏 好，那我來推測一下妳想表達的意思。看電影會讓妳感到興奮，至於寫感想，雖然妳希望自己能感到興奮，卻又認為目前可能還寫不來。這個推測正確嗎？

Q5 非常正確。（笑）

巴夏 既然如此，我要在這裡告訴妳另一件對妳來說很重要的事，那就是「其實興奮的心情和不安的心情，是同一種能量」。當妳相信自己時，會有興奮的心情；當妳懷疑自己，缺乏自信時，這種心情就會轉為不安。

如果妳在進行某件事的過程中懷疑自己，將那股能量用於不安，反而會讓妳對原本想做的事失去興奮的感覺。**一旦妳評斷自己，光這麼做就會妨礙妳去了解自己對什麼感到興奮**。我也說過，所有信念都包含「不容許其他信念介入」的性質。

所以，我想問提問的妳，以及在座的各位一個問題。當你們自問「真正讓我興奮的是什麼？」，能不能至少一開始先不下任何判斷，專心描繪整體的意象呢？

Q5

能。

巴夏

很好。那接下來我說的，不知道妳能不能做到？

請去看一部讓妳感到興奮的電影，並試著寫下想法或感觸。不一定要用寫的，用錄音機錄下來也可以。或是和朋友聊一聊，把對話錄下來也不錯。這樣的話，就能把妳面對朋友時最自然的反應也錄下來。

重要的是，妳能發揮多大的創意去善用各種點子，以行動實踐真正讓自己興奮的事物。當妳開始做自己感到興奮的事情時，說不定就能拿到參與電影製作的機會，而那個機會也可能會令妳興奮不已。

請再次回想起來吧。在每個當下，妳都是全新的人。在每個當下，只要妳有了改變，就會具備新的才能。請讓自己相信這一點。然後，請按照我所說的，**開始像作家一樣行動**。**這樣一來，妳就能開始享受寫作的才能**。之後妳表現自我的才能將會增長和擴大，讓妳得以敲開更多大門，開啟更多機會。

重點整理

Q5 不知道什麼是最讓自己感到興奮的事。

A 一旦你判斷自己能不能做到，光這麼做就會妨礙你去了解自己對什麼感到興奮。請先讓自己將那個讓你興奮的意象全部瀏覽一遍。

現在，我要在這裡再提醒各位一次。

你們現在有必要將能量轉移。

你們已經擁有一切必要的工具。

請運用你們擁有的事物。

請將想法轉化為行動。

你們有沒有這麼做，將會產生巨大的差異。

接下來在你們的世界中，應該會出現各種必要的差異吧。

另外還有一點，也請各位務必牢記。

無論你們選擇什麼，我們都始終懷著至高無上的愛，在一旁守候各位。

祝各位有美好的一天。

興奮／excitement

說到巴夏，就會立刻聯想到「興奮」，還有「熱情」（Passion）和「喜悅」（Joy）。

「請做最讓你興奮的事。」——為何巴夏總愛把這句話掛在嘴上呢？

本書也提到，興奮的心情是存在的自然狀態。這是透過肉體的轉譯，將我們和真實的自我達成一致時的波動，以及存在本身的高頻波動傳達給我們的結果。所以，一旦我們將這種感覺付諸行動，就會感到放鬆，也能得到宇宙全面的支持。一切都會在同步性中順利進展，不但不會傷害任何人，還會不斷帶來充滿狂喜的美好瞬間。不僅如此，我們更能成為「生命之光」的典範，為周遭的人做出貢獻。「興奮」不只是生機蓬勃的躍動感，掌握真正自我的踏實感，更是內在的安穩，心靈的平和。它會帶來充盈滿足的感覺，能量豐沛的感覺，強韌的力量，創造的力量，以及沒來由的喜悅。這正是與「偉大的一切」達成調和的波動。每件事都能一帆風順，水到渠成。

反過來說，如果我們不把「興奮」化為行動，持續和真正的自我唱反調，就會處處碰壁。但這種諸事不順的狀態只是要提醒我們「這樣不對」。在本書中，當提問者抱怨：「我總是選擇困難的那一方，感覺很疲憊。」巴夏便回答：「當你覺得人生充滿困難時，是因為你沒做最讓自己興奮的事。」這段對話就是顯而易見的例子。

實踐「興奮」有兩種方式（但兩者是有關聯的）。第一種是將自己理想的樣貌和追求的目標，也就是中長期的「興奮」化為行動，活在夢想之中；第二種則是每天不間斷地實踐「興奮」。假如對看電影感到興奮，就去看電影。看完後，如果想打電話給某人，就打過去。總之只要隨時自問「現在想做什麼」，再付諸實行即可，就是這種簡單。

當巴夏講述如何實踐「興奮」時，經常會補充一句「要帶著統一性」（with integrity）。這句話的意思是「相信自己有能力做任何想做的事，而且不會傷害別人或自己」。在本章的問與答中，他也做了詳細的回答。

此外，如果我們覺得「能擁有大筆財富，隨心所欲做喜歡的事，是讓人興奮的狀態」，就要思考當自己真的坐擁財富，可以隨心所欲時，會做的「喜歡的事」是什麼。

如果我們覺得「能和周圍的人一起過幸福的生活，是讓人興奮的事」，就要思考和他們過幸福的生活時，我們會實際做什麼讓自己發光發熱的事。我們會透過什麼行動，和周圍的人分享自己的興奮？無論是不是和別人一起，我們都要尋找最讓自己興奮的事物。

再來，如果我們覺得「中彩券讓人興奮」，就要思考有什麼即使不中獎，也會帶著興奮的心情實際去做的事。「當你做感到興奮的事情時，必須完全出於『這件事讓我興奮』的動機，而不是因為『這件事的結果讓我興奮』。」如果對買彩票感到興奮，要買當然沒問題，但買完後就別老是掛念結果，只要繼續思考當下最令自己興奮的行動並實踐就好。

另外還有一個重點，就是不要為自己的「興奮」設下限制，加以阻止。把自己認為是實現夢想的必要條件統統忘掉，讓自己綜觀夢想的全貌，允許自己做夢。

然而，即使我們認定「這就是令我興奮的事」，也可能是假的。我們一直持有卻未曾察覺的信念，認定自己不可能將最大的「興奮」付諸行動的挫折感，都可能誤導我們選擇虛假的興奮。為了辨別「興奮」的真偽，巴夏建議我們實踐每一刻的「興奮」，藉此淨化身體，提高能量。如果不知道中長期的「興奮」是什麼，不知該如何跨出第一步，這個方法也十分管用。另外還有一個關於「興奮」的重點，就是當我們了解「是自己選擇實踐人生中最令我興奮的一切」時，就能把那些看似障礙或問題的事當成挑戰，積極面對。巴夏說，將「興奮」化為行動，是「能讓意識潔淨的萬能清潔劑」。此舉能讓以往未曾察覺的信念浮上意識表層，帶來統合和轉化的能力，而且透過轉化信念，淨化意識，也能進一步提升「興奮」的能量。像這樣不斷地以「興奮」的能量展開行動，以及淨化意識發揮的加乘作用，都會使波動頻率越來越提高。這就是為何巴夏總是不厭其煩地叮囑我們要活在「興奮」中的理由。

巴夏與我⑥

二十年不變的訊息。經過自我的持續變化，終於在內心深處接受了眞實

飯田讓治

◆相遇的契機是什麼？

一九九〇年，我在朋友的推薦下接觸巴夏。從那之後已經過了二十年，還真是一段很長的緣分呢。

◆為人生帶來的最大衝擊是什麼？

《BASHAR》是我第一次閱讀關於新時代思想的書籍。這種以不帶宗教色彩的精神世界為定位的思想，讓我感到非常新鮮。就某個層面來說，這本書或許能算是我人生的轉捩點吧。

◆巴夏的思想對你人生的哪個層面造成影響，又提供了哪些幫助？

坦白說，第一次讀巴夏的書時，我其實非常生氣。當時我的工作、生活樣樣不順，

感覺人生墜入谷底，前途一片黑暗。對近乎絕望的我而言，巴夏的每句話聽起來都像碰到我的死穴。

比如「每個人都有能朝著自己的理想方向創造人生的力量」、「你體驗到的物理現象，取決於你相信什麼」等，都令我火冒三丈。

「這麼糟糕的人生，怎麼可能是我創造的！我所相信的一切，根本沒有實現啊！」──雖然現在我已經明白巴夏的意思，但當時的我還不夠成熟，實在很難接受這些觀念。

不久，我在命運的安排下，透過影像的工作認識一位據說有讀心能力的人。對方不僅預言我接下來會遇到的事，還向我強調：「巴夏說的都是真理。」

於是我重拾巴夏的書，沒想到讀著讀著，竟開始感受到肉眼不可見的神祕力量、自己對世界的看法，以及巴夏講述的靈性思維──這三者確實互有重疊之處。同時我也憑感覺了解到，人生的起伏都是自己招來的結果。對我來說，這些體會無疑是一場巨大的「變革」。

從此以後，我不再劈頭否認那些看似荒謬的新時代思想、超自然現象、預言家和通靈活動，改以先接受再驗證的態度去面對。後來我的這些轉變，都對我從一九九二年開始創作的超能力兄弟故事《暗夜第六感》（*NIGHTHEAD*）造成重大的影響。

在《暗夜第六感》的世界中，我將一般大眾眼中的荒誕情節，投射於現實背景之中。雖然有人批評這部作品是混合超能力、神靈世界、外星人和宗教的大雜燴，但對我來說，我只是要忠實呈現同時存在這些元素的世界而已。後來《暗夜第六感》意外成為熱門作品，而我也從這件事得到回饋，進一步加深對靈性的了解。

不過，我並沒有一直過著「活在興奮中的人生」。從二〇〇〇年後，就有不少人用類似預言的話，暗指我的人生將陷入另一個低潮期。後來預言果然成真，我陷入比《暗夜第六感》問世前的瓶頸更艱難的處境，度過又一場人生的嚴冬。但在這段期間，我也再次得到驗證巴夏思想的機會，也就是撰寫《（i）》這本書。

在這個故事中，我汲取了巴夏那些始終令我銘記在心的話。接受靈性訊息的難易度，會隨著人生狀態的順逆而產生天壤之別。不過，我會刻意選在逆境中寫這本書，是為了在現實中徹底消化以往只憑感覺理解的一切。

這二十年來，巴夏的訊息未曾改變，但接收這些訊息的我卻不斷改變。寫完《（i）》時，我感覺那個能接受真相的自己，終於在內心的深處成形了。

◆巴夏有說過什麼令你印象深刻的話，或是值得推薦的地方嗎？

「所謂的加害者，其實是受害者的受害者。而受害者就某個層面來說，也是加害者。」

雖然理智上能理解這是事實，但要在現實中接受這個觀念時，感情上需要跨越的門檻還是一等一的高。

舉例來說，加害者和受害者的關係，就好比磁鐵的S極和N極會互相吸引。但如果自己是當事人，尤其是處於受害者的立場時，要接受這個信念絕非易事。

然而，這世上沒有單方面的人際關係，每件事都是彼此影響，互相引發——在撰寫《（i）》的過程中，我終於能理解這個超越人類情感的真理。

從此以後，我再也無法純粹地只當受害者或加害者了。

飯田讓治（iida jouji）

一九五九年生，身兼電影導演、編劇和小說家。影視作品包括電影《另一個天堂》、《七夜怪談2：復活之路》，電視劇劇本《沙粧妙子最後的事件》、《禮物》、《明日的喜多善男》。著作則有《（i）》、《暗夜第六感》、《阿南》、《抄襲》、《黑帶》等。

●個人官方網站「飯田讓治俱樂部」：https://iidageo.com/

那些被灌輸要成為受害者的人，註定會遇到加害者。但這絕不是當加害者的藉口。

所謂的加害者，是認為自己極度缺乏力量的人。所以他們會企圖支配他人，藉此感受自己的力量。但人類可以擺脫這種模式。

巴夏與我⑦……Tentsuku-man

相信「行動帶來改變」，奇蹟般的相遇就接踵而來
一邊帶著歡笑享受，一邊為世界增添更多希望

◆相遇的契機是什麼？

約十六年前的某天，分手半年的前女友忽然聯絡我，說有事想找我商量。老實說，我當初是抱著百分之百不單純的動機去赴約。沒想到她一見到我，就劈里啪啦說了一堆「好想連接宇宙意識」、「你有聽過通靈嗎？」、「巴夏曾這麼說」之類的話，聽得我莫名其妙。當時我對精神世界、靈性和宇宙意識根本一無所知，還以為這一定是什麼邪教。就在我嚇得退避三舍，準備閃人時，前女友忽然塞給我兩本書，分別是莎莉．麥克琳（Shirley MacLaine）的《心靈之舞》（*Out on a Limb*）和《BASHAR》。雖然有把書帶回家，但我連翻都沒翻，放著生灰塵。

半年後，我辭掉做了七年的搞笑藝人工作，正當閒到發慌時，就看到那兩本書在書架上發光。我隨手拿起來翻閱，不料卻越看越興奮，完全停不下來！（笑）我所有的疑問都能在《BASHAR》這本書裡找到解答，感覺就像拔出卡在喉嚨的魚刺般爽

快無比。原本我還在懊惱「要是能早點看這本書就好了」，結果書上就寫著「一切都是最好的安排」。（笑）

◆為人生帶來的最大衝擊是什麼？

讀《BASHAR》時，巴夏有些話不但簡單易懂，還讓我心有戚戚焉，比如「做自己感到興奮的事，就是成功的捷徑」，以及「相信自己的靈感就對了」。

在辭掉搞笑藝人轉戰電影圈後，我是先當演員，到後來才動了想藉由拍電影傳達訊息的念頭。為了籌措六千萬日圓的拍攝資金，我決定直接坐在街頭表演。在這段期間，我展開「以看到你的靈感即興寫文」的表演，沒想到這個相信直覺的工作竟能一炮而紅。

後來，為了報答《BASHAR》的啟發之恩，我一逮到機會就拚命推薦這本書，卻被朋友視為怪胎，紛紛避而遠之。無奈之下我只好使出殺手鐧，在處女作出版時擅自將作者名從本名「軌保博光」（Noriyasu Hiromitsu）改成「BASHAR NORIYASU」。許多讀者好奇詢問：「BASHAR是什麼？」，我就趁機推銷說：「看完這本書，你就會懂了。」此舉果然引發廣大迴響，戰術十分成功。（笑）現在回頭想想，如果我當初沒看《BASHAR》，應該就不會在街頭寫文，也不會出書了。

◆巴夏的思想對你人生的哪個層面造成影響，又提供了哪些幫助？

讀完巴夏後，我的心情確實輕鬆不少。過去我總認為人生必須奮鬥不懈，但現在知道也能選擇不靠努力就能成功的方法。目前我在柬埔寨從事國際援助，在中國、南非和日本等地植樹造林，養護山坡，也在香川縣小豆島進行社區營造，而這一切的出發點，就是「帶著歡笑，樂在其中」。我之所以展開這些行動，也是受到巴夏的某個訊息影響。

曾有人問巴夏關於祈禱的問題，當時他是這麼回答的：

「假設你眼前有張桌子，桌上放著一顆石頭。現在，請你祈禱這顆石頭從桌上消失……。好，石頭從桌上消失了嗎？」

對方說沒有，巴夏就接著說：「那麼，接下來請你拿起石頭，把它扔出去。怎麼樣？石頭從桌上消失了嗎？」

從這段對話中，我領悟到巴夏是想告訴我們：「祈禱固然重要，但行動才能帶來改變。」

後來當我真的展開行動，奇蹟般的相遇就接踵而來，讓我多少體會到巴夏所說的「做自己感到興奮的事，是成功的最快捷徑」，確實是所言不虛。

◆巴夏有說過什麼令你印象深刻的話，或是值得推薦的地方嗎？

當初聽到「進化就是能從新角度觀察和思考事物」這句話，我曾久久不能自己。現在我以自己的說法去詮釋，就是「答案不只一個，道路也不只一條。無論處於什麼狀態，遭到誰的否定，都不要輕言放棄，因為總會有其他的答案和出路。」

在讀完《BASHAR》十年後，我有幸到美國親自參加達瑞爾・安卡的通靈會。多虧這段經驗，如今我的夢想正一個個陸續實現。對初次接觸《BASHAR》的人來說，本書的確有許多艱澀的詞語，可能會讓人頭昏腦脹。不過這本書其實也不用看得太認真，隨興一點會更好。建議大家可以快速翻閱，只在有共鳴的頁面上停留，這樣應該會更有意思。我相信，每個人都能在最適當的時機，接收到最合適的訊息。

至於我，未來我也將繼續接收巴夏充滿愛的訊息，並帶著笑容享受一切，為世界增添更多希望。謝謝您，巴夏，感謝您始終如一的支持。

Tentsuku Man（てんつくマン）

本名軌保博光（Noriyasu Hiromitsu）。一九六八年生，為電影導演、街頭詩人。在吉本興業活動七年後離職，於二〇〇三年推出電影《107+1～天國是自己創造的PART1～》。目前正在拍攝以「癌症自然療法」為主題的第三部作品。另有《你的神明》等多部著作。

● WEB Tentsuku：http://www.tentsuku.com/
● 官方部落格「YES IS LOVE～行動帶來改變」：http://ameblo.jp/tentsuku-man/
● 電子報「Tentsuku Man笨男人的情書」：http://merumo.ne.jp/00518931.html

所謂「意識的進化」，
就是能從多個角度觀看同一個事物。

Eurasian Publishing Group
圓神出版事業機構
方智出版社 Fine Press

www.booklife.com.tw　reader@mail.eurasian.com.tw

新時代系列 201

來自巴夏的生命訊息：日本熱銷200萬冊，解答你對此生的所有疑問

作　　者／巴夏（Bashar）、達瑞爾・安卡（Darryl Anka）
譯　　者／謝如欣
發 行 人／簡志忠
出 版 者／方智出版社股份有限公司
地　　址／臺北市南京東路四段50號6樓之1
電　　話／（02）2579-6600・2579-8800・2570-3939
傳　　真／（02）2579-0338・2577-3220・2570-3636
副 社 長／陳秋月
副總編輯／賴良珠
責任編輯／溫芳蘭
校　　對／溫芳蘭・賴良珠
美術編輯／林雅錚
行銷企畫／陳禹伶・陳衍帆
印務統籌／劉鳳剛・高榮祥
監　　印／高榮祥
排　　版／杜易蓉
經 銷 商／叩應股份有限公司
郵撥帳號／18707239
法律顧問／圓神出版事業機構法律顧問　蕭雄淋律師
印　　刷／祥峰印刷廠
2025年10月　初版
2025年10月　2刷

定價430元　ISBN 978-986-175-864-0

選擇一種致力於覺醒的生活，是我們能夠做出的最有意義、最令人滿足的選擇。

——《覺醒之道》

國家圖書館出版品預行編目資料

來自巴夏的生命訊息：日本熱銷 200 萬冊，解答你對此生的所有疑問／巴夏（Bashar），達瑞爾・安卡（Darryl Anka）著；謝如欣 譯 . -- 初版 . -- 臺北市：方智出版社股份有限公司，2025.10
368 面；14.8×20.8 公分 --（新時代系列；201）
譯自：Bashar gold
ISBN 978-986-175-864-0（平裝）

1.CST： 通靈術

296.1　　114011299